证据科学技术译丛/丛书主编：李玉基　郑志祥/丛书主审：魏克强　郭武

Measurement Uncertainty in Forensic Science
— A Practical Guide

法庭科学中的测量不确定度
——实用指南

〔美〕S. 贝尔（Suzanne Bell）　**主编**
郑志祥　**主译**
任书芳　**主审**
甘肃省证据科学技术研究与应用重点实验室　**组译**

科学出版社
北京

图字：01-2024-0551号

内 容 简 介

本书共分八章，分别是法庭测量、计量和不确定度（介绍其重要性、"最佳"的方法、测量科学性与溯源性、准确度与变异性、基本技能与材料）；不确定度的来源（介绍不确定度来源、以硬币测量为例介绍法庭科学/司法鉴定科学测量不确定度评定需要了解的知识和流程图）；基本概念；程序与步骤 [介绍不确定度的定义、不确定度的评定程序、《测量不确定度指南》（GUM）及不确定度评定和相对不确定度]；计量保证：距离、犯罪现场和枪械（现场测量不确定度的捕获和测量）；不确定度与称量；呼气酒精；包括定量分析及采样等在内的其他事项。

本书通过司法实例对每一部分概念进行分析与介绍，对我国法庭科学/司法鉴定科学一线工作者、管理者和研究者及学习者来说，是针对法庭科学中不确定度评定非常有价值的参考资料。

图书在版编目(CIP)数据

法庭科学中的测量不确定度：实用指南／（美）S. 贝尔（Suzanne Bell）主编；郑志祥主译；甘肃省证据科学技术研究与应用重点实验室组译. —北京：科学出版社，2024.2

（证据科学技术译丛／李玉基，郑志祥主编）

书名原文：Measurement Uncertainty in Forensic Science：A Practical Guide

ISBN 978-7-03-077755-3

Ⅰ. ①法… Ⅱ. ①S… ②郑… ③甘… Ⅲ. ①司法鉴定 Ⅳ. ①D918.9

中国国家版本馆 CIP 数据核字（2024）第 008196 号

责任编辑：谭宏宇／责任校对：郑金红
责任印制：黄晓鸣／封面设计：殷　靓

科学出版社 出版
北京东黄城根北街16号
邮政编码：100717
http://www.sciencep.com

南京展望文化发展有限公司排版
广东虎彩云印刷有限公司印刷
科学出版社发行　各地新华书店经销

*

2024年2月第 一 版　开本：B5（720×1000）
2025年2月第三次印刷　印张：10 1/2
字数：177 000

定价：100.00元

（如有印装质量问题，我社负责调换）

Measurement Uncertainty in Forensic Science——A Practical Guide, First edition/by Pascal Kintz/ISBN: 978-1-4987-2116-5

Copyright© 2017 by CRC Press.

Authorized translation from English language edition published by CRC Press, part of Taylor & Francis Group LLC; All rights reserved; 本书原版由 Taylor & Francis 出版集团旗下，CRC 出版公司出版，并经其授权翻译出版。版权所有，侵权必究。

China Science Publishing & Media Ltd. is authorized to publish and distribute exclusively the Chinese (Simplified Characters) language edition. This edition is authorized for sale throughout Chinese mainland. No part of the publication may be reproduced or distributed by any means, or stored in a database or retrieval system, without the prior written permission of the publisher. 本书中文简体翻译版授权由中国科技出版传媒股份有限公司独家出版并限在中国大陆地区销售。未经出版者书面许可，不得以任何方式复制或发行本书的任何部分。

Copies of this book sold without a Taylor & Francis sticker on the cover are unauthorized and illegal. 本书封面贴有 Taylor & Francis 公司防伪标签，无标签者不得销售。

证据科学技术译丛

编委会

丛书主编： 李玉基　郑志祥

丛书主审： 魏克强　郭　武

编　　委：（按姓氏笔画顺序）

丁要军　史玉成　安德智

李玉基　郑永红　郑志祥

秦冠英　郭　武　魏克强

证据科学技术译丛之《法庭科学中的测量不确定度——实用指南》为甘肃省级一流特色学科——证据科学学科建设成果之一。

本书的翻译和出版得到了甘肃省高等学校产业支撑计划项目(2020C-32);甘肃省重点人才项目(2022RCXM085)和甘肃政法大学微量物证信息解读技术研究创新团队的支持。

丛书序

证据是"以审判为中心的刑事诉讼制度改革"的核心要素。证据科学是研究证据采集、物证鉴定、证据规则、证据解释与评价的一门证据法学与自然科学的交叉学科，其理论体系与应用研究是一个具有创新性和挑战性的世界性课题。证据科学是发现犯罪、证实犯罪的重要手段，是维护司法公正和公平正义的有力武器之一。随着科学技术的迅速发展和我国法治化进程的快速推进，我国证据科学技术研究、学科发展和人才培养取得了长足发展，国内专家也已出版多部证据科学技术领域的著作，并形成了一套相对完善的证据科学理论和方法体系。然而，相对欧美等国家对证据科学的研究和应用，我国对于证据科学的研究仍处于起步阶段，对国外证据科学体系了解相对欠缺，在一定程度上限制了我国证据科学技术与国际前沿的有效衔接。为顺应学科交叉融合发展和司法实践需要，甘肃省证据科学技术研究与应用重点实验室以甘肃省级一流学科"证据科学"为依托，历时三年完成"证据科学技术译丛"系列丛书的编译工作，为我国证据科学技术注入了国外血液，有力推动了我国证据科学技术的发展与实践应用。

该译丛遴选了国外证据科学技术领域最前沿或影响力较大（多次再版）的经典著作，其内容涵盖了犯罪现场勘查技术、血迹模拟技术、枪伤法庭科学技术、文件检验技术、毒品调查技术、反恐程序与技术、火灾现场证据解读技术、网络及数字取证与调查技术、指纹技术、法医植物学、法医微生物学、法医毒理学、法医病理学、爆炸物识别调查与处理技术、法医影像技术、法医人类学、毒品物证信息解读技术、犯罪现场毛发和纤维、爆炸物和化学武器鉴定技术、法医埋葬学土壤分析技术、环境物证及犯罪心理学技术等多个领域。该译丛是我国第一套证据科学技术领域的译著，是一套对物证信息解读技术研究与应用及我国法庭科学/司法鉴定高层次专业人才培养和科学研究工作非常有价值的国外参考资料，对推动我国证据科学学科发展、法学与自然科学的深度交叉融合发展具有十分重要的意义。该译丛汇集了领域多位知名专家学者的集体智慧，可供广大法庭科学/司法鉴定从业人员和相关研究人员借鉴和参考。

中国工程院院士，法医毒物分析学家

2023 年 1 月 16 日

译者前言

我们知道,许多法庭科学/司法鉴定结果、结论的形成都离不开实验与测试的分析和总结,而实验与测试又总不免存在误差、不稳定和不确定等非本质因素的影响。在进行法庭测量时,只有通过误差分析及合理的实验数据处理,尽量分离出非本质因素的影响,表示出合乎实际的最佳结果,并且评定其尚存的不确定度,才有利于总结出科学、可靠的法庭科学/司法鉴定结果结论。

在法庭科学领域,不确定度的概念往往存在一个固有困难,即如何在法庭科学用语中使用"不确定度"一词。事实上,对测量不确定度的评定增加了测量的实用性和可靠性,因为它可以为解释和应用提供至关重要的信息。因此,合理的测量需要对不确定度进行了解、评定,并将它传达给那些需要这些信息的人。本书的目标就是帮助人们理解不确定度的概念及其在法庭科学的应用。

法庭数据对于个人和社会都十分重要。法庭测量的目标应该是为给定的测量任务做出最佳的测量不确定度评定。判断这里所说的"最佳"是什么有点棘手。很少能用一种通用的最佳方法来获得测量结果,因此任务就变成了选择哪种(哪些)方法来满足我们的测量标准。法庭科学家的任务是根据其可靠性和实用性的判断生成数据,这也是评估测量程序合理性的标准。在这种情况下需要考虑的问题包括:测量数据是否回答了相关的法庭问题?是否提供了关于测量的足够信息来正确地利用这些数据?数据是否可信?可信度有多少?作为关键和重要决策的基础,数据是否足够可靠和完整?

为了评定测量的不确定度,我们必须考虑获取它的基本程序——不仅仅是测量工具或器具,而是从开始到结束的整个测量程序。数据的实用性和可靠性不仅仅取决于器具或工具,尤其处理不确定度时,方法的开发、方法的验证都与不确定度的评定密切相关。因此,不确定度来自测量程序,而不仅仅是器具或工具。在进行法庭测量时,如何定义什么最能满足我们的标准?对于测量和不确定度评定,必须通过合理、可行和适用的方法来产生数据。这里应该考虑三个标准：合理性、可行性、适用性。在许多法庭应用中，适用性是关键。有时，为测量程序和不确定度评定挑选合适的方法很具有挑战性。很少有且只有一种最好或正确的方法来进行不确定度评定。什么是正确的实验室测量方法，这需要由合理性、可行性和适用性来定义，而在不同的情况下这些标准会有所不同。在此，本书的目标是建立必要的理解，以创建合理、可行、适用于各种测量程序的不确定度评定。

本书翻译工作自2021年初开始，历时两年。感谢司法鉴定科学研究院沈敏教授、中国政法大学刘世权博士等多位专家学者在翻译过程中的建议和大力支持，感谢张克辉博士、张媛媛硕士及甘肃政法大学微量物证信息解读技术研究创新团队对本书翻译工作的无私奉献和帮助。由于时间和水平有限，翻译工作甚是忐忑，翻译过程难免有翻译不准确、错误及疏漏之处，恳请专家及同仁批评指正和包容。

前　言

人类所进行的每一次测量都存在意料之中的不确定度,这不仅不是什么坏事,而且十分正常。尤其在法庭科学领域,不确定度的概念往往存在一个固有困难,即如何在日常用语中使用"不确定度"一词。如果我说我对某事不确定,这表示我有疑问。因为不确定度在日常用语中意味着误差、错误,甚至是可疑。尽管"误差"是一个沉重且可怕的词,但在计量学中,不确定度并不代表着误差或可疑。相反,比起单独呈现的数字,它更是一个用于评定不确定度的测量值。不确定度是一个范围,它代表了一个测量的预期变异或分散性,这就是它的全部含义。它不是一个描述符;而是一件事,也是一件好事。本书的目标就是帮助你理解不确定度的概念及其在法庭科学的应用。

本书是偏向概念性的,并通过举例来阐述这些概念和原理。所提供的材料均是基于目前的方法和实践。数学和推导也都是基础性的,以便为进一步的探索和理解提供参考。本书重点介绍了《测量不确定度指南》(*the Guide to the Uncertainty of Measurement*, GUM)中的方法,这些方法在法庭实验室有着广泛的应用。本书没有深入研究贝叶斯方法。正如书名所暗示的那样,本书只是一本简明的手册,它应该需要其他材料来补充,而不是取代这些材料。参考文献和建议来源在全文中都有注明,它们中的大多数可从代表国家和国际组织的知名网站免费获得。

本书的目标读者是管理或从事实验室工作的法庭科学家。对于大三、大四或研究生阶段的法庭科学专业学生也具有一定的价值。对于执业的法庭科学家来说,不确定度已经成为生成和报告结果的一部分。因此,分析员需要了解不确定度来进行利用、报告与证实。因此,本书可以专门帮助分析员提高该领域的理解。也许你可能不是设计不确定度评定的人,也不是在电子表格或工作表格中创建评定的人,但你有责任理解它,就像我们希望你理解呼气酒精分析、犯罪现场测量及缉获毒品化学等一样。请放心,你完全有能力理解它们,因为这些概念是极其基础性的。

本书需要你具备大三或大四的自然科学课程学习背景，并且熟悉法庭职业和典型的法庭科学分析，以及了解统计学的基础知识，如本书第三章的重点内容。此外，你还应该熟悉一般意义上的方法验证过程，因为方法验证的概念是不确定度评定的一部分。有了这些背景知识，你就可以准备充分地阅读、理解、探索和使用本书提供的材料。

不管你对法庭科学的兴趣或所具备的专业知识如何，你都应该阅读前四章。这些章节使用了一些法庭科学的示例，但又不集中在某个特定的法庭科学学科。第一个不确定度评定在第四章呈现，是本书使用的不确定度列表方法。第五章介绍了距离测量中的测量保证样本，这一部分也应该重点阅读以理解测量保证。对于犯罪现场调查人员和枪械分析人员来说，这一章至关重要，它的重点是以距离作为衡量标准。如果你的工作仅限于距离测量，那么恭喜你！如果你愿意，你可以选择在这一章结束阅读。第六章和第七章则是给化学家和毒理学家准备的。第六章重点讨论了缉获毒品分析的不确定度，并重点讨论了称重的不确定度。同时还介绍了相关性和灵敏度因素的概念。第七章讨论了呼气酒精测量中评定不确定度和自由度的相关概念。最后一章则讨论了一些其他事项，如灵敏系数和定量分析。

最后，重要的是要知道本书不是什么。本书中给出的不确定度评定仅供说明和举例。它们不是"食谱"，不应该教条式地使用。正如你将看到的，评定不确定度的方法有很多，很少只有一种，但"合适"的方法只有一种。适用于某个场景的方法换个场景可能并不一定适用，但只要它们都是合理、可行、适用的，那就没问题。

作者介绍

S. 贝尔（Suzanne Bell）博士是西弗吉尼亚大学的化学教授，她隶属于化学和法庭调查科学系。贝尔博士于 2014 年被任命为美国国家法庭科学委员会（National Commission on Forensic Science，NCFS）成员，并曾服务于缉获毒品分析科学工作组（Scientific Working Groups for Seized Drug Analysis，SWGDRUG）和枪击残留物科学工作组（Scientific Working Groups for Gunshot Residue，SWGGSR）。她也是法庭科学教育项目认证委员会（Forensic Science Education Program Accreditation Commission，FEPAC）的委员，目前任职于科学领域委员会机构（Organization of Scientific Area Committees，OSAC）的 GSR 小组委员会。她教授法庭化学和毒理学课程，并指导本科、硕士和博士阶段的学生。她在国际公认的同行评审期刊上发表了多篇论文，包括 Forensic Science International、Forensic Chemistry、Analytical Chemistry、Analytical Methods、Drug Testing and Analysis、the Journal of Analytical Toxicology、Talanta、Annual Reviews in Analytical Chemistry 和 the Journal of Forensic Sciences。她与美国、欧洲和巴西的法庭科学家和从业人员进行国际合作。除了这本手册，她还是两版教科书《法医化学》（Forensic Chemistry，Pearson/Prentice Hall）、《显微镜入门》（Introduction to Microscopy，CRC）以及综合性介绍性专著《法庭科学：科学和调查技术概论》（Forensic Science: An Introduction to Scientific and Investigative Techniques，CRC）第四版和第五版（即将出版）的作者。她多次在会议及州和地方法庭科学实验室就法庭科学不确定度的评定举办受邀讲座和讲习班。她目前主要从事合成大麻素的毒性和枪械排放残留物新方法的研究。

法庭科学中的测量不确定度
——实用指南

本书的信息均来源于真实且重要的材料。作者和出版商已尽力确保发布数据和信息的可靠性，但不能对所有材料的有效性或使用后果承担责任。作者和出版商已试图联系本出版物中转载的所有材料的版权所有者，如果存在没有获得的许可，则向版权所有者表示歉意。如果存在没有被承认的版权材料，请写信，让我们知道，以便我们可能在以后的版本中修正。

除非美国版权法允许，否则，未经出版商的书面许可，不得以任何电子、机械或其他已知或以后发明的方式，包括复印、缩微拍摄和录音，或在任何信息存储或检索系统中，以任何形式重印、复制、传输或使用本书的任何部分。

本书的复印或电子材料使用许可可以通过访问 www.copyright.com（http://www.copyright.com/）或联系美国版权结算中心［Copyright Clearance Center, Inc.(CCC), 222 Rosewood Drive, Danvers, MA 01923, 978-750-8400］。版权结算中心是一个非营利组织，为各种用户提供许可证和注册。已获版权结算中心颁发复印许可的机构，可以通过单独的缴费系统缴费。

目　　录

第一章　法庭测量、计量和不确定度 ·· 1
1.1　重要性 ·· 1
1.2　"最佳"的方法 ·· 2
1.3　测量科学性与溯源性 ·· 4
1.4　准确度与变异性 ·· 5
1.5　基本技能与材料 ·· 9
1.6　总结与概述 ··· 10
参考文献 ·· 11

第二章　不确定度的来源 ·· 13
2.1　不确定度来自何处？ ·· 13
2.2　硬币的直径 ··· 13
2.3　硬币称重 ·· 19
2.4　需要了解的知识 ·· 24
2.5　流程图 ·· 26
2.6　"屋中象" ·· 30
2.7　总结 ··· 31
参考文献 ·· 31

第三章　基本概念 ·· 32
3.1　接近真值 ·· 32
3.2　重复测量与离散度 ··· 36
　　3.2.1　重复测量示例 ··· 39
3.3　正态分布（及其他） ·· 42
　　3.3.1　A 类分布 ·· 42

3.3.2　B类分布 ··· 48
3.4　性能指标 ··· 50
3.5　总结与概述 ··· 52
参考文献 ··· 52

第四章　程序与步骤 ··· 53
4.1　不确定度的定义 ··· 53
4.2　不确定度的评定程序 ··· 55
　　　4.2.1　英里/加仑数示例 ·· 55
　　　4.2.2　《测量不确定度指南》(GUM) ····································· 61
　　　4.2.3　不确定度评定和相对不确定度 ····································· 62
　　　4.2.4　相对不确定度与绝对不确定度 ····································· 64
4.3　鉴别贡献因素的工具：密度的测量 ······································· 65
4.4　总结与概述 ··· 71
参考文献 ··· 72

第五章　计量保证：距离、犯罪现场和枪械 ································· 73
5.1　距离测量 ·· 73
5.2　不确定度捕获 ·· 80
　　　5.2.1　方法1：绝对单位制，最保守 ······································· 83
　　　5.2.2　方法2：相对值 ·· 85
5.3　枪械测量 ·· 86
5.4　总结与概述 ··· 90
参考文献 ··· 90

第六章　不确定度与称量 ··· 92
6.1　天平的工作原理 ··· 92
6.2　浮力 ·· 95
6.3　与天平相关的不确定度 ·· 97
6.4　天平校准 ·· 98
6.5　天平参数的不确定度评定 ·· 100

- 6.6 校准证书参数的不确定度评定 ··· 102
- 6.7 测量保证和控制图法 ··· 104
- 6.8 质量控制图 ·· 104
- 6.9 事件相关性 ·· 108
- 6.10 相关性与称重 ·· 110
- 6.11 组合示例 ·· 113
- 6.12 总结与展望 ··· 115
- 参考文献 ··· 115

第七章 呼气酒精 ·· 117
- 7.1 呼气酒精测量 ··· 117
- 7.2 干气校准 ··· 119
- 7.3 有效自由度 ·· 120
- 7.4 湿气校准 ··· 123
- 7.5 不确定度和模拟器 ··· 126
- 7.6 现场应用和不确定度 ·· 127
- 7.7 总结与展望 ·· 129
- 参考文献 ··· 129

第八章 其他事项 ·· 131
- 8.1 定量分析 ··· 131
- 8.2 采样 ··· 132
- 8.3 灵敏系数 ··· 133
- 8.4 不确定度与方程式 ··· 134
- 8.5 准确度和不确定度 ··· 135
- 8.6 总结 ··· 137
- 参考文献 ··· 137

插 图 目 录

图 1.1　由美国国家标准与技术研究院(NIST)维护的标准千克(kg)。 …… 5

图 1.2　用于类比准确度与变异性的靶标。靶心代表真值(μ)。……… 6

图 1.3　新手投掷五支飞镖的结果。飞镖的离散度代表数据的变异性或数据的离散度。……………………………………………………… 7

图 1.4　改进的技术(类似于改进的测量程序)在投掷飞镖中产生更少的变异性或更紧密的离散度,但准确度仍然不可接受。………… 7

图 1.5　准确度和变异性现在都可以接受,因为所有投掷的飞镖都落在靶心中心周围的范围内。…………………………………………… 8

图 2.1　典型的学生用标尺(下)与可溯源标尺(上)的比较。请注意它们的许多刻度线无法对齐。……………………………………… 14

图 2.2　第一次测量硬币直径的尝试。用户可以在视觉上将硬币边缘与标尺的末端对齐。…………………………………………………… 15

图 2.3　测量程序的轻微改进。硬币的边缘现在不是由视觉上对齐,而是由两个额外的直边对齐。这里的问题是,无法确保直边是完全垂直的。…………………………………………………………… 15

图 2.4　用一个有角度的塑料片来确保直边是垂直的。刻度间的间距为 1/32 英寸(1 英寸 = 2.54 厘米)。在硬币的左侧大概为 $2\frac{31}{32}$ 英寸。右侧为 23/32 英寸与 24/32 英寸之间。在这两种情况下,用户必须判断直边的落点位置。……………………………………… 16

图 2.5　可溯源卡尺。即使量爪明显闭合,但读数仍显示 0.001 英寸。在使用前必须将其归零,否则每一次测量将会超出 0.001 英寸。……… 17

图 2.6　卡尺没有闭合,因此每次测量都会产生偏移。如果不将量爪闭合及归零,准确度将受到不利影响。……………………………… 18

图 2.7　将量爪闭合并归零后测得的硬币直径。……………………… 19

图 2.8	一枚没有重量的硬币。	20
图 2.9	同样的硬币在厨房秤上。	20
图 2.10	同样的硬币在厨房秤上有轻微移动。	21
图 2.11	硬币在典型的实验室分析天平上。	22
图 2.12	同样的硬币在相同的分析天平上偏离中心。	23
图 2.13	同样的硬币且在中心位置,但分析天平没有保持水平状态。	24
图 2.14	古埃及宗教艺术中的天平。	25
图 2.15	1838 年用于商业的天平。通过在称量托盘对面添加已知重量的砝码来平衡托盘。	26
图 2.16	添加到天平托盘上的砝码。重量最小的砝码将决定所得重量值的合理程度。	27
图 2.17	详细的流程图。该过程从选择器具开始,包括迭代步骤,以确保准确度和变异性是可接受的,然后再进行不确定度评定。	27
图 2.18	不确定度评定的主要步骤流程图。	28
图 3.1	没有准确修正的温度计在使用它进行任何测量时都会产生系统误差或偏差。	34
图 3.2	准确度有一个系统分量(偏差,这里的差值为 -0.002 g)和一个随机分量(预期分散性/离散度/不确定度)。在这个示例中,测得重量的相关范围与可溯源砝码的相关范围不重叠。	35
图 3.3	在本示例中,测得重量的相关范围与可溯源砝码的相关范围完全包含并重叠。	35
图 3.4	类似第一章(图 1.3)的靶标示例,以英寸为单位计算距离。击中中心水平线上方的飞镖被赋正值,击中中心水平线下方的飞镖被赋负值。	36
图 3.5	1 000 枚回形针的重量值分布。虚线表示符合这些数据的正态分布,中间灰色虚线是中线。柱状图在中线偏左的地方稍微较高,这反映在该分布的偏度和峰度度量计算上。	43
图 3.6	回形针数据的累积分布函数(CDF)。左侧黑色虚线上的轻微歪曲,与柱状图中线偏左稍微较高的地方对应。$y = 0.5$ 处较粗的灰色虚线对应图 3.5 所示分布的中线位置。重量值有一半低于这个值(50%或累积概率为 0.5),一半高于这个值。	44

图 3.7	正态分布曲线包含面积。	45
图 3.8	回形针数据在 Excel 中汇总统计呈现的柱状图。	45
图 3.9	可溯源砝码的容差为矩形分布。不存在像正态分布中那样的集中趋势,在这个范围内的任何值可能出现的概率都和其他值一样。a 是 +/-范围的值。	48
图 3.10	容量瓶的容差为三角形分布。我们期望有一个向中间的集中趋势,但没有重复数据作为预期趋势的来源。	49
图 3.11	从直角和三角形分布中获得标准差当量的方法。当进行除法时,剩余的面积约等于曲线包含面积的 68%,与正态分布±1 个标准差单位内的面积相同。	50
图 3.12	性能指标的准确度(左)和变异(右)。准确度具有随机分量和系统分量。重复性是通过在相同条件下同时进行的重复测量来测量的,并且应该有最小的离散度。当你沿着三角形往下移动时,变异就会增加。不确定度评定的重点是变异。	51
图 3.13	一般的性能指标。	51
图 4.1	英里/加仑的不确定度计算中有两个贡献因素。两者的容差被视为矩形分布,不确定度以相对形式表示,因此两者可以相加。	56
图 4.2	将两个矩形分布进行合并与扩展,合并的分布包含了大约 95%的面积。	57
图 4.3	在合并之前,对里程表和泵计算出相当于 1 个标准差的值。合成标准不确定度是两个贡献因素平方和的平方根,它被扩展到包括大约 95%的面积。	58
图 4.4	扩展合成标准不确定度。	60
图 4.5	《测量不确定度指南》流程图在英里/加仑示例中的应用。	61
图 4.6	不确定度评定的正确计算步骤(从左到右)。	62
图 4.7	液体密度的测定分析方案。	65
图 4.8	密度实验的因果关系图。	66
图 4.9	密度测量的不确定度评定。	69
图 4.10	密度不确定度评定(附带注释)。	70
图 5.1	扩展性的因果关系图,反映了多名分析人员随时间推移执行的常规测量。	74

图 5.2	刹车痕迹测量的因果关系。	75
图 5.3	测距轮的摆放会导致变异,包括测距轮如何正确对齐及如何评判刹车痕迹的起点。	76
图 5.4	距离测量的简要因果关系图。	77
图 5.5	通过协议或程序捕获的因素。	78
图 5.6	用于随时间推移进行重现性检验的程序。要求分析人员使用测距轮测量停车场中一辆汽车(左)到面包车后轮的距离。	81
图 5.7	使用测量保证样本数据捕获的贡献因素。	82
图 5.8	美国《国家枪械法》中的枪管尺寸。	87
图 6.1	分析天平。作用力通过加入的已知重量砝码来平衡。	93
图 6.2	在生产环境中使用分析天平的一般因果图。第一个示例关注的是与天平相关的因素。	94
图 6.3	来自近期文献的示意图示例。	95
图 6.4	天平因素的因果关系图。	97
图 6.5	天平的可读性,也称天平的"精密度"。	98
图 6.6	天平校准的显示记录值与可溯源砝码的拟合线。	99
图 6.7	一分为二的矩形分布。	101
图 6.8	校准的灵敏度即校准曲线的斜率。	103
图 6.9	可溯源砝码的假定质量控制图。	105
图 6.10	身高和年龄之间的相关性为明显正相关。	109
图 7.1	呼气酒精不确定度评定的一般因果图。	118
图 7.2	修改后的不确定度评定,包含了有效自由度。公式 T.INV.2T 用于两侧检验的 t 型分布,并返回获得所需包含因子所需的乘数。数值 0.045 5 是我们想要的概率,这里是 1-0.954 5(95.45% 舍入为 95.5%)。	122
图 7.3	95.5% 和 99.7% 的包含因子作为自由度(这里是有效自由度)函数所需要的乘数图。随着自由度的增加,基础分布模型在乘数为 $k=2$ 和 $k=3$ 时就越接近正态分布。	123
图 7.4	NIST 模板表格截图。该模板将计算有效自由度和 95.5% 包含率的乘数。	124

图 7.5	水浴模拟器示意图。浴温保持在 34℃时,酒精会分布到气相。	125
图 7.6	水浴模拟器不确定度评定的贡献因素链。溯源性由 NIST 标准参考材料溶液维护。	126
图 7.7	水浴模拟器的因果图。	127
图 7.8	使用 NIST 模板对水浴模拟器进行不确定度评定示例。	128
图 8.1	重量小于 500 g 的概率可以从正态分布与使用 z 分数的合成标准不确定度中得出。	136

表 格 目 录

表 2.1　首次测试：标尺 ⋯⋯⋯⋯⋯⋯⋯⋯⋯⋯⋯⋯⋯⋯⋯⋯⋯⋯⋯⋯⋯ 29
表 2.2　二次测试：卡尺 ⋯⋯⋯⋯⋯⋯⋯⋯⋯⋯⋯⋯⋯⋯⋯⋯⋯⋯⋯⋯ 30
表 3.1　平均值和标准差的符号定义 ⋯⋯⋯⋯⋯⋯⋯⋯⋯⋯⋯⋯⋯⋯ 38
表 3.2　可溯源砝码的测量值（g）（$n=60$；20 天，3 名分析员） ⋯⋯ 39
表 3.3　分析员测量的砝码重量 ⋯⋯⋯⋯⋯⋯⋯⋯⋯⋯⋯⋯⋯⋯⋯⋯ 40
表 4.1　简单的不确定度评定 ⋯⋯⋯⋯⋯⋯⋯⋯⋯⋯⋯⋯⋯⋯⋯⋯⋯ 62
表 4.2　贡献因素 ⋯⋯⋯⋯⋯⋯⋯⋯⋯⋯⋯⋯⋯⋯⋯⋯⋯⋯⋯⋯⋯⋯ 67
表 4.3　密度的不确定度评定 ⋯⋯⋯⋯⋯⋯⋯⋯⋯⋯⋯⋯⋯⋯⋯⋯⋯ 68
表 5.1　重复性检验数据 ⋯⋯⋯⋯⋯⋯⋯⋯⋯⋯⋯⋯⋯⋯⋯⋯⋯⋯⋯ 79
表 5.2　5 名分析员的测量保证样本数据汇总统计 ⋯⋯⋯⋯⋯⋯⋯⋯ 82
表 5.3　初步的不确定度评定 ⋯⋯⋯⋯⋯⋯⋯⋯⋯⋯⋯⋯⋯⋯⋯⋯⋯ 83
表 5.4　修改的不确定度评定 ⋯⋯⋯⋯⋯⋯⋯⋯⋯⋯⋯⋯⋯⋯⋯⋯⋯ 84
表 5.5　最终的不确定度评定 ⋯⋯⋯⋯⋯⋯⋯⋯⋯⋯⋯⋯⋯⋯⋯⋯⋯ 84
表 5.6　相对不确定度评定 ⋯⋯⋯⋯⋯⋯⋯⋯⋯⋯⋯⋯⋯⋯⋯⋯⋯⋯ 85
表 5.7　一件武器的测量保证样本基准数据 ⋯⋯⋯⋯⋯⋯⋯⋯⋯⋯⋯ 88
表 5.8　测量保证样本计算结果 ⋯⋯⋯⋯⋯⋯⋯⋯⋯⋯⋯⋯⋯⋯⋯⋯ 88
表 5.9　猎枪枪管测量的不确定度评定 ⋯⋯⋯⋯⋯⋯⋯⋯⋯⋯⋯⋯⋯ 89
表 6.1　天平规格示例 ⋯⋯⋯⋯⋯⋯⋯⋯⋯⋯⋯⋯⋯⋯⋯⋯⋯⋯⋯⋯ 100
表 6.2　来自天平规格的不确定度评定 ⋯⋯⋯⋯⋯⋯⋯⋯⋯⋯⋯⋯⋯ 101
表 6.3　不确定度评定与可读性调整 ⋯⋯⋯⋯⋯⋯⋯⋯⋯⋯⋯⋯⋯⋯ 102
表 6.4　修订后的评定 ⋯⋯⋯⋯⋯⋯⋯⋯⋯⋯⋯⋯⋯⋯⋯⋯⋯⋯⋯⋯ 103
表 6.5　不确定度评定与测量保证样本贡献 ⋯⋯⋯⋯⋯⋯⋯⋯⋯⋯⋯ 107
表 6.6　最终版本的不确定度评定 ⋯⋯⋯⋯⋯⋯⋯⋯⋯⋯⋯⋯⋯⋯⋯ 108
表 6.7　年龄的身高函数 ⋯⋯⋯⋯⋯⋯⋯⋯⋯⋯⋯⋯⋯⋯⋯⋯⋯⋯⋯ 109

表 6.8 相关性说明 …………………………………………………… 114
表 7.1 乙醇蒸气浓度的初始数据表 ………………………………… 119
表 7.2 干气的评定 …………………………………………………… 120
表 7.3 湿气示例的不确定度贡献因素 ……………………………… 127

第一章

法庭测量、计量和不确定度

人类所进行的每一次测量都有其固有的不确定度,这是不可避免的。然而,测量不确定度并不代表可疑,也不意味着发生了误差或犯了错误。事实上,对测量不确定度的评定增加了测量的实用性和可靠性,因为它可以为解释和应用提供至关重要的信息。没有对不确定度进行评定的测量,往好了说,是一幅不完整的图画,往坏了说,就是一种误导和错误结论的潜在来源。因此,合理的测量需要对不确定度进行了解、评定,并将它传达给那些需要这些信息的人。

1.1 重要性

我们来思考一个看似简单的法庭科学示例。某毒品分析员收到一个装有白色粉末的塑料袋。分析员的任务是确定粉末中是否含有受管控的物质,如果是,则确定粉末的重量。测量的关键在于确定粉末的重量,表面上是一个简单的过程。将粉末倒进预称重或去皮的托盘中,放在分析天平上,粉末的净重就显示出来了。假设分析员遵循标准的实验室程序,小心翼翼地使用良好的技术,并确定粉末是甲基苯丙胺,纯度大于99%。分析员还使用可靠和正常运转的天平获得了50.004 g的净重。但如果这就是故事的结尾,那么本书讨论的内容就非常简单了。

接下来,该假想实验室的运作遵循缉毒局(Drug Enforcement Administration, DEA)/联邦贩运处罚指南。目前,甲基苯丙胺的量刑标准是根据重量(纯净物或混合物)来划分严重程度。此处的"纯净物"指受管控物质本身的重量;"混合物"是指受管控物质与样本中所有其他组分的重量之和。在这种情况下,甲基苯丙胺为"5~49 g的纯净物或50~499 g的混合物"的刑罚较轻,为"50 g以上的纯净物或500 g以上的混合物"的刑罚较重(www.dea.gov/druginfor),甚至可能判处无期徒刑。

不确定度测量的重要性在这里就显而易见了。没有一个相关范围，50.004 g 的测量值就不能正确地解释或应用。这就是不确定度——测量结果周围的范围。如果不确定度评定为±0.010 g，则范围为49.994~50.014 g，这意味着重量有可能小于50 g，即本示例中的临界或阈值重量。另一方面，假设不确定度为±0.001 g，则范围就为50.003~50.005 g。此时重量超过了50 g，量刑标准也相应改变了。因此，这不仅仅是简单的文书工作或舍入，而是可能会改变刑期，对许多人的生活造成影响。

这个示例说明了不确定度测量的重要性。法庭数据对于个人和社会都十分重要。关键和重大的决定都基于这些数据，因此，这些测量必须是全面和完整的。当我们进行测量时，比如重量，我们的目标是尽可能地确定物质的真实重量。然而，我们的测量无论多么合理、全面或完整，产生的结果均是对真实重量的估计。我们永远不可能知道所测量的任何事物的真值，但我们可以对它做出合理和可行的评定。同样，我们永远不可能知道精确和完整的数值范围（不确定度），但我们仍然可以对不确定度进行合理和可行的评定。

1.2 "最佳"的方法

法庭测量的目标应该是为给定的测量任务做出最佳的测量不确定度评定。判断我们所说的"最佳"是什么有点棘手。首先，很少能用一种通用的最佳方法来获得测量结果，因此任务就变成了选择哪种（哪些）方法来满足我们的测量标准。法庭科学家的任务是根据其可靠性和实用性的判断生成数据，这也是评估测量程序合理性的标准。

在这种情况下需要考虑的问题包括：
- 测量数据是否回答了相关的法庭问题？
- 是否提供了关于测量的足够信息来正确地利用这些数据？
- 数据是否可信？
- 可信度有多少？这就是置信度和偶然性的来源。
- 作为关键和重要决策的基础，数据是否足够可靠和完整？

第一个评价标准与实用性有关——如果对毒品违法行为的判决取决于缴获毒品的重量，那么能够测得的重量至少应达到法律规定量刑的标准。另一个评价标准则是可靠性,这是本书中大部分内容的基础。更重要的是,从一开始就要明白,可靠性来自整个测量程序,而不仅仅来自测量的器具。在毒品重量示例中,良好的分析天平对于生成可靠的数据至关重要,但这远不是唯一的考虑因素。通常,完全通过工具来判断测量的好坏,这会导致误解,甚至最坏的情况下,还会导致不完整的数据。

为了评定测量不确定度,我们必须考虑获取它的基本程序——不仅仅是测量工具或器具,而是从开始到结束的整个测量程序(也可称为从"摇篮"到"坟墓")。数据的实用性和可靠性不仅仅取决于器具或工具。尤其处理不确定度时,方法的开发、方法的验证都与不确定度的评定密切相关。[1-6]因此,不确定度来自测量程序,而不仅仅是器具或工具。

另一个常见的误解就是认为工具或器具越昂贵,测量就越合理、越准确。如果前面示例中的实验室购买了一个更昂贵的天平,能够读取小数点后六位,准确度(真值的估计)可能确实会提高,但这与不确定度并没有关系。虽然不确定度的评定可能会改进,但可以想象的是,误差范围可能会变得更大,而不是更小。准确度和变异性是两种不同的描述符,它们之间肯定有关联,但并不意味着相同,改变其中一个,或许会也或许不会改变另一个。我们将在第1.4节深入探讨包括准确度在内的一些术语。

我们回到最初的问题:在进行法庭测量时,我们如何定义什么是最好(什么最能满足我们的标准)?对于测量和不确定度评定,必须通过合理、可行和适用的方法来产生数据。毫不奇怪,这意味着通常有不止一种方法来测量和评定不确定度。这就是为什么应该考虑所有三个标准:合理性、可行性、适用性。在许多法庭应用中,适用性是关键。例如,血液酒精测量的相应阈值为0.08%,从分析化学的角度来看,检测并不困难。有许多分析方法可以用来获得所需的数据。然而,法庭实验室经常处理成百上千例这样的案件,所以无论选择何种方法都不能忽视这些现实:该方法不仅需要具备实用性与可靠性,而且必须具备大规模适用的特点。毫无疑问,我们可以开发出一些分析方法,能够将血液中的酒精含量精确到小数点后5位,达到百万分之一或更低的水平,但这些方法可能并不比通过蒸馏分离出酒精并在量瓶中测量体积更适合法庭鉴定。有时,为测量程序和不确定度评定挑选合适的方法很具有挑战性。我们将在书中通过示例来讨论这些观点。很少有且只有一种最好或正确的方法来进行不确定度评定。什么是正确的实验室测量方法,这需要由合理性、可行性和适用性来定义,而在不同的情况下这些标准会有所不同。在此,我们的目标是建立必要的理解,以创建合理、可行、适合于各种测量程序的不确定度评定。

1.3 测量科学性与溯源性

计量学是广义上的测量科学。根据国际计量局(the Bureau International des Poids et Mesures, BIPM[7])的定义,计量学是"一门测量科学,包括测量理论和实用的各个方面,不论其不确定度如何,也不论其用于什么测量技术领域。"国际计量局是一个协调与测量有关的定义、标准和实践的国际机构。这种协调很有必要——例如,无论在美国还是巴西,1千克都应该是相同的。这些标准是商业与科学的基础。就像你购买了1加仑[1加仑(美)= 3.78升]汽油,你就会认为油泵可以输出1加仑汽油,并进一步想到在新墨西哥州和纽约1加仑是一样的。1加仑没有什么神奇之处,正如1千克没有什么特别之处一样。重要的是每个人都同意用加仑来定义体积,用千克来定义重量。根据公认的国际条约(签署于1875年),国际计量局可以监督有关计量单位的国际定义与协议。国际计量局的官网上有许多关于计量和不确定度的优质免费参考资料,这些资料在全书中都有引用。例如,很多读者都熟悉的 SI 单位(国际单位);这些都是由国际计量局协调而确定的。在美国,参与国际合作,就全球测量标准进行协调的机构是美国国家标准与技术研究院(National Institute of Standards and Technology, NIST[8])。

这些标准为测量科学乃至不确定度评定提供了重要的基础。美国 NIST 的原名为美国国家标准局,美国 NIST 的关键作用是提供标准,以确保不同测量的一致性和准确度,即许多法庭科学家所熟悉的溯源性。通俗来讲,溯源性是指追踪测量、设备或事物原始来源的能力。正式的定义则来自《国际计量学词汇》(International Vocabulary of Metrology, VIM),并被 NIST 采用,它指出,溯源性是"……测量结果的属性,通过不间断的校准链,将测量结果与参照对象联系起来,校准链中的每项校准均会引入测量不确定度。"

溯源性可以定义为一个不间断的文件记录(文件溯源性)或一个不间断的测量链和相关的不确定度(计量溯源性)。例如,如果我购买了一个 1.00 千克的可溯源砝码,那么无论认证的容差是多少,该重量都在国家和国际标准千克±偏差值内。长度、重量、时间和温度等的测量数据均可溯源。分析天平可以使用经

第一章 法庭测量、计量和不确定度　　5

图 1.1　由美国国家标准与技术研究院（NIST）维护的标准千克（kg）。

认证的砝码进行校准和检查，这些砝码可溯源到 NIST 维护的砝码，甚至可溯源到全球标准。可溯源砝码的示例如图 1.1 所示。温度计也可以是可溯源的，卡尺、数据记录器和时钟也是如此。

　　溯源性与不确定度并没有直接联系，认识到这一点是十分重要的。不确定度是我们期望某个值所处的范围；溯源性则确保我们对重量、长度、直径等的测量尽可能接近真值，但前提是我们采纳 NIST 的标准作为真值，即通常"被普遍认为是准确的"。溯源性主要与准确度有关，而不是变异性和不确定度，理解这一点非常关键。我们努力实现溯源性，以确保我们对真值的评定是合理、可行，并且适用的。不确定度是一个测量的范围，购买最昂贵的可溯源器具本身并不能"改善"该器具在使用中的不确定度评定。因此，在大多数法庭测量中，对不确定度贡献最大的不是可溯源工具，而是其使用过程。溯源性要做的只是确保在正确使用设备时，测量结果将准确到厂商提供的误差范围内。

1.4　准确度与变异性

　　正如前面提到的，我们通过两个常用标准来对测量进行评估。第一个是准确度(测量有多接近真值),第二个是变异性(如果在相同的条件下再次执行这个测量会有多大的差异)。大多数情况下,"准确度"和"精密度"是常用的词组,但在讨论不确定度时,我们将使用"变异性"来代替精密度,原因将在后面说明。这些定义(准确度=接近真值;变异性=离散度或分散性)是非正式的,但对我们的基础性讨论来说是很容易充分理解的。接下来,会更具体地讨论。

广义上讲,溯源性与准确度有关,变异性与不确定度有关,它们都与测量有关,但它们不相互依赖。也就是说,既可以存在一个具有高变异性的准确测量,也可以存在一个具有低变异性的不准确测量。这两种情况都是不理想的。遗憾的是,在许多测量中,变异性却得不到重视,或者被假定为零,在更糟糕的情况下甚至被完全忽略。法庭定量测量要求的变异性范围通常很小,但它是存在的。例如,假设我们正在测量混凝土上刹车痕的长度,该长度存在一个真值,但我们并不知道这个真值是什么,我们所能做的就是开发一个测量程序,它能产生一个令我们信服且尽可能接近真值的测量结果,并产生预期的分散性或离散度,这就是不确定度评定的由来。

通过靶标进行类比可以帮助我们强化对这些观点的理解。图1.2是我们要投掷飞镖的靶标。靶标的中心代表我们正在测量的真值。如果我们投掷飞镖,它正好落在靶心的中间,这表示测量值与真值(以 μ 代表)相同。在这种情况下,测量值与真值越接近,测量则越准确。

现在再投掷几次飞镖。理想情况下,所有投掷都将准确地落在靶心上,但这并没有发生。投掷多个飞镖类似于在相同条件下进行相同的测量。飞镖总是会有离散度——对于经验丰富的人来说很小,而对于新手来说却很大——但总归是会有离散度的。这就是投掷飞镖的变异性或分散性。尽管我们瞄准的是中心,但我们的飞镖却会落在中心周围的范围内。

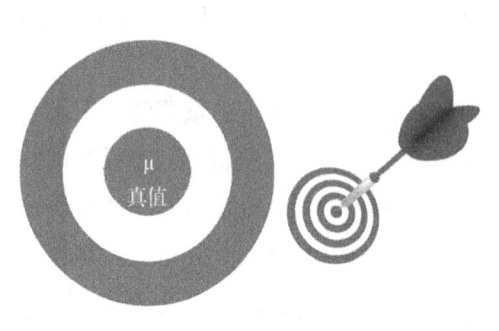

图1.2 用于类比准确度与变异性的靶标。靶心代表真值(μ)。

任何法庭测量都需要对准确度(距离靶心有多近)和变异性(投掷的分布有多大)进行量化描述。为什么会产生变异性?假设一个投掷飞镖的新手来投掷飞镖,并且他设法击中靶心,但遗憾的是,他投掷了四次甚至更多次,但都没有击中目标,飞镖都钉在了墙上。对于新手玩家来说,这很常见。然而,每一次测量

（每一次投掷）都是不同的,因此统计的结果并不可靠。一个良好测量方法的关键是需要具有已知且可接受的准确度与变异性。

在后面的章节与示例中,我们将学习如何定义什么是"可接受的",但请放心,它将被量化描述。假设你正在与一个伙伴参加掷飞镖比赛。你可以指定他扔出的飞镖中有一半命中靶心,也可以是90%、95%或99%,也就是所谓的置信水平。你可能期待你的伙伴投出的飞镖有90%的概率落在靶心。但无论十有八九会,还是十有八九不会,你都永远找不到一个能百分百命中的人,所以你要决定多大概率是合理、可行及适用的。

继续来看我们的飞镖投掷示例,如图1.3,假设这是新手玩家第一次运气好击中靶心,然后再投掷四个飞镖的情况。数据的离散度清楚地表明,第一次投掷是一个侥幸,但总体而言,无论是准确度还是变异性都是不可接受的。理想情况下,所有的飞镖都应该正好落在靶心的中间,这样才能满足这两个条件。有投掷飞镖经验的人可以帮助这个人提升技巧,几天后,接受训练的新手会做得更好(图1.4)。此时投掷至少是保持一致的,变异性已经大大降低;这是一个更紧密的分组,对应较小的离散度。然而,由于命中的范围不与靶心重叠,准确度是不可接受的。于是,再次聘请了专业的飞镖玩家,他注意到这个人在投掷时错误地闭上了眼睛,导致每一次投掷都瞄准了太远的右边。当这一点得到修正后,虽然离散度还是跟之前一样,但现在我们的飞镖玩家每次都能击中靶心——准确度和变异性现在都可以接受了(图1.5)。

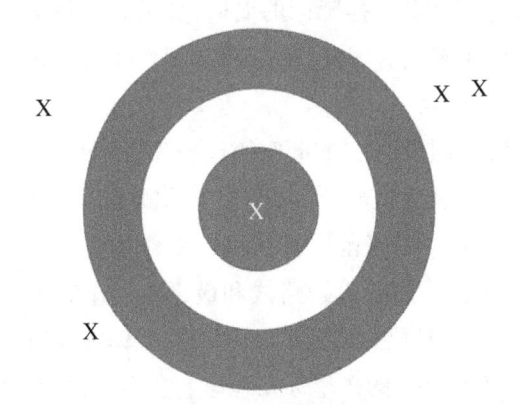

图1.3 新手投掷五支飞镖的结果。飞镖的离散度代表数据的变异性或数据的离散度。

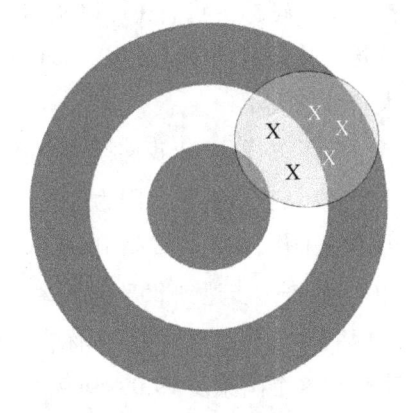

图1.4 改进的技术(类似于改进的测量程序)在投掷飞镖中产生更少的变异性或更紧密的离散度,但准确度仍然不可接受。

图1.5 准确度和变异性现在都可以接受,因为所有投掷的飞镖都落在靶心中心周围的范围内。

在专业术语中,投掷飞镖的过程类似于方法的开发与验证过程。投掷飞镖的人需要接受培训并学会遵循标准的投掷方法,然后才能依靠这个人以最小的变异性获得可接受的准确度。一旦测量程序标准化,人员经过培训,就可以收集一组历史数据,以建立越来越好的变异性评定。我们仍然会定期检查准确度(类似于专业水平检验),并将数据放在一起,我们将会提供一个关于飞镖投掷者的能力的概率声明,比如,"我们有95%的把握飞镖会落在既定的范围内。"注意,我们不是说100%确定,而是指定一个概率,有5%的概率,任何给定的投掷将落在这个范围之外(1/20的概率)。这样就够了吗?回顾"合理"、"可行"和"适用"的标准,对于投掷飞镖,95%的置信水平很大程度上是可接受的,难道你会在掷飞镖比赛中赌这样的人输吗?

这就引出了一个共同的问题。如果95%是好的,99%更好,99.9%则更加完美。那为什么不用更高的概率呢?我们有充分的理由不这么做,或者至少在这么做之前仔细考虑一下。假设我们想飞镖落在某个区域的概率为99%,唯一可行的方法就是扩大面积,我们可能有99%的把握,在相同条件下进行的任何投掷都会击中靶标。我们还可以99.9%确定它会击中挂靶标的墙壁,如果我们把天花板及其他内容包括进来,则可以99.99%确定。因此,增加确定度意味着会扩大范围的大小。

为了多样化,让我们换一个新的类比,假设有一个重要的包裹,需要在周三上午10点找你签字。因为这是工作日,不包括周末,所以有65%的概率你是在办公室工作,如果想要达到75%的概率,那可以将范围扩大到你工作的整个大楼,但要进一步达到85%的概率,就需要包括你的通勤路线和最喜欢的午餐地点,甚至可以有90%的概率你在当地、95%的概率你在州的某个地方、99%的概率你在这个国家及99.999 999 999 999 999%的概率你在地球上。不过,既然我的任务是找到你的确切位置,那么95%的概率你在这个州是没用的信息。当确定度(置信水平)增加时,相关的范围也随之增加,范围越大并不意味着越好,应该根据具体情况和目的来选择置信水平。在法庭中,95%的置信水平是最常用的值,但也可以根据具体情况来调整。置信水平(95%)不是一个等级;它是一个描述范围大小的值,而不应该自动默认为是一个最大的值,就像与不确定度相关的所有问题一样,这个值的选择必须通过深思熟虑地分析与理解。

1.5 基本技能与材料

如果你第一次接触冗长的不确定度评定(本质上是对不确定度评定有贡献的成分),你可能会对其中的十个条目及陌生的数学转换与计算感到畏惧与绝望。然而,理解它们(或测量不确定度的概念)的基本技能与知识却是简单的。不确定度可以从数学的角度来教授,从不确定度传递定律开始,并使用微积分推导出结果方程。不确定度也可以从概念上加以探讨,这就是我们将在本书中采取的方法。如果你有一定的代数基础,并且至少对简单的统计概念有基本的了解,那么你就具备了所需的基础知识,尽管这可能需要复习与回顾一下。理解质量保证和质量控制的基础知识也很重要,就像法庭演练中的方法验证与标准定义和术语。此外,对 Excel® 表格的理解和使用也会有所帮助,因为许多不确定度评定都是基于该软件制备的工作表。

有许多关于不确定度评定和讨论的优秀书籍,其中有一些是通过数学方法,[9-12]而另一些则是通过理论结合实践的方法。[13-15]幸运的是,还有许多免费资源可供使用,其中许多对研究和理解不确定度及其在法庭中的应用很有帮助。你可以根据自己的需要参考以下资源网站,它们都是本书出版之前的最新网址链接。虽然一些特殊的链接可能会有所改变,但重要的大型网站大概率不会。如果存在找不到的情况,搜索关键术语应该会找到。

1. 国际计量局(http://www.bipm.org/en/about-us/):《测量不确定度指南》(*Guide to the Expression of Uncertainty in Measurement*, GUM, http://www.bipm.org/en/publications/guides/gum.html)。本网页包含与 GUM 相关的所有重要文件的链接,包括 GUM 本身及若干补充文件,补充和说明了与不确定度评定有关的概念。介绍性文件"测量数据的评估——《测量不确定度指南》及相关文件的介绍"是一个很好的入门材料。但是,如果你对不确定度还不熟悉,我建议你下载这些文件,在本书阅读的过程中参考它们,而不用从这些文件开始学习不确定度。

《国际计量学词汇》(http://www.bipm.org/en/publications/guides/VIM.html)。本文件给出了国际公认术语的最终定义,如准确度、精密度和重复性。其他组织机构可能采用更具体的定义,但它们应该与《国际计量学词汇》中的定义保持一致。

Metrologia：这是一本开源期刊,可通过国际计量局访问,它涵盖计量学的所有的主要事项。

2. 国际法定计量组织(Organisation Internationale de Métrologie Légale, OIML, https://www.oiml.org/en)。这个网站有 GUM 和相关文件的链接,以及与测量相关的有用指南与报告,例如称重。

3. 美国犯罪实验室主任协会/实验室认证委员会(American Society of Crime Laboratory Directors/Laboratory Accreditation Board, ASCLAD/LAB, http://www.ascld-lab.org/)。作为法庭科学的认证机构,该组织拥有与不确定度相关的出版物和指南,包括一个空白的 Excel® 不确定度评定表格模板和一个关于不确定度评定方法的优秀指导文件。

4. 美国国家标准与技术研究院(www.NIST.gov),测量结果的不确定度(http://physics.nist.gov/cgi-bin/cuu/Info/Uncertainty/index.html)。这是一个关于不确定度评定的教程,并包含许多其他参考资料的链接。你还可以通过搜索找到不确定度评定的表格模板。

5. 欧洲分析化学中心(https://www.eurachem.org/index.php/publications/guides/quam)。不要被标题中的化学吓到,这是学习不确定度评定的最佳资源之一。其中的主要文件非常清晰简洁,虽然示例是基于化学,但概念很容易概括和理解。如果你刚接触不确定度,对你来说它们将是一个很好的开始;如果你是一个化学家,那这些示例对你来说将是无价的。

最后,除了法庭相关的期刊之外,如果你可以访问在线期刊,你还可以将 *Accreditation and Quality Assurance* 添加到资源列表中。

1.6 总结与概述

法庭科学实验室的测量结果十分重要。那些使用法庭科学测量数据的人正在作出影响个人和社会的决定。当发展某种定量测量时,它的"优势"可以用实用性和可靠性来描述。我们所做的任何测量都是对真值的评定,而我们所做的任何定量测量都有一个相关的不确定度。在这种情况下,不确定度并不意味着缺乏把握、误差或可疑。不确定度是一个范围,代表了我们对测量的预期离散度或分散性。溯源性是许多法庭测量的关键,尽管它在不确定度的评定中起着重要作用,但溯源性主要与准确度有关,而不是离散度。这种离散度或变异性来自整个测量程序,而不仅仅来自所使用的器具或设备。事实上,正如我们将在许多情况下看到的那样,与我们的器具使用方式产生的不确定度相比,由一种器具或设备产生的不确定度通常微不足道。在第二章中,我们将就不确定度从哪里产生和为什么产生来开展探索。

参考文献

1. Lyn, J. A., M. H. Ramsey, A. P. Damant, and R. Wood. "Two-Stage Application of the Optimised Uncertainty Method: A Practical Assessment." *Analyst* 130, no.9(2005): 1271 – 79.
2. Feinberg, M., and M. Laurentie. "A Global Approach to Method Validation and Measurement Uncertainty." *Accreditation and Quality Assurance* 11, no.1 – 2(April 2006): 3 – 9.
3. Thompson, M., and R. Wood. "Using Uncertainty Functions to Predict and Specify the Performance of Analytical Methods." *Accreditation and Quality Assurance* 10, no.9(January 2006): 471 – 78.
4. Pendrill, L. R. "Using Measurement Uncertainty in Decision-Making and Conformity Assessment." *Metrologia* 51, no.4(August 2014): S206 – S18.
5. Thompson, M. "A New Focus for Quality in Chemical Measurement." *Analytical Methods* 6, no.21(November 2014): 8454 – 59.
6. Weitzel, M. L. J., and W. M. Johnson. "Using Target Measurement Uncertainty to Determine Fitness for Purpose." *Accreditation and Quality Assurance* 17, no.5(October 2012): 491 – 95.
7. BIPM. "Bureau International Des Poids Et Mesurs." http://www.bipm.org/en/about-us/.
8. NIST. "National Institute of Science and Technology." U.S. Department of Commerce, www.nist.gov.
9. Gupta, S. V. *Measurement Uncertainties: Physical Parameters and Calibration of Instruments*. Berlin: Springer-Verlag, 2012.
10. Kirkup, L., and B. Frenkel. *An Introduction to Uncertainty in Measurement* Cambridge, UK: Cambridge University Press, 2006.
11. Vosk, T., and A. Emery. *Forensic Metrology: Scientific Measurement and Inference for Lawyers, Judges, and Criminalists*. Boca Raton, FL: CRC Press, 2015.

12. Hughes, I. G., and T. P. A. Hase. *Measurement and Their Uncertainties*. Oxford: Oxford University Press, 2010.
13. Dieck, R. H. *Measurement Uncertainty: Methods and Applications*, 4th ed. Research Triangle Park, NC: The Instruments, Systems, and Automation Society (ISA), 2007.
14. Kimothi, S. K. *The Uncertainty of Measurements: Physical and Chemical Metrology: Impact and Analysis*. Milwaukee, WI: American Society for Quality (ASQ) Press, 2002.
15. Taylor, J. R. *An Introduction to Error Analysis: The Study of Uncertainties in Physical Measurements*. Sausalito, CA: University Science Books, 1997.

第二章

不确定度的来源

如果我们要评定测量值的离散度或分散性，需要鉴别变异的潜在来源。我们将从与法庭科学相关的简单示例开始，论证在多数情况下我们（开发程序和执行测量的人）如何比我们的工具或器具对变异产生更大的影响。就像变异本身一样，只要我们尽我们所能将其最小化并加以描述，这并不一定是一件坏事。尽管我们使用了最好的工具，但往往是使用工具的方式决定了真值的离散度。

2.1 不确定度来自何处？

我们可以将变异的来源最终分为两类：器具使用与测量程序。稍后，我们将细化测量程序的概念，但现在把它看作是如何使用测量设备。这就引入了测量程序及执行人员所产生的不确定因素。例如，如果我需要知道硬币的重量，我会使用天平作为测量工具，它具有固有的不确定度。然而，影响数据变化的唯一贡献因素并不是天平本身，而是在很大程度上取决于我如何使用天平。同样，如果我需要测量硬币的直径，我可以使用标尺或卡尺，这两种工具都是可溯源的。正如我们在第一章中所讨论的，溯源性证书将我们的测量与公认的国际标准联系起来。该证书还列出了与标尺或卡尺的相关容差，这也是影响测量误差的一个贡献因素。这种影响是无法避免的，但通常它也是测量程序中影响整体变异的最小贡献因素。我们将通过两个测量示例来说明这一点——称量硬币（这里的测量值是重量）和确定硬币的直径（这里的测量值是长度）。

2.2 硬币的直径

假设你的任务是确定硬币的直径，并被告知测量的结果会产生法律后果。

在法庭科学中，类似这样的任务是确定枪管的长度，这将在第五章进行详细讨论。因为测量是至关重要的，所以正确的工具和正确的测量程序是必不可少的。有哪些选择？标尺是首选，但不是任何标尺都可以。如图2.1所示，可以注意到，下方标尺是典型的学生用标尺，与上方标尺的比例不一致。上方的标尺是可溯源标尺，并附有溯源性证书和已知的测量容差。使用可溯源标尺对于确保我们得到的直径接近我们所需的真值是至关重要的。记住，溯源性主要是关于准确度，而不是变异性。

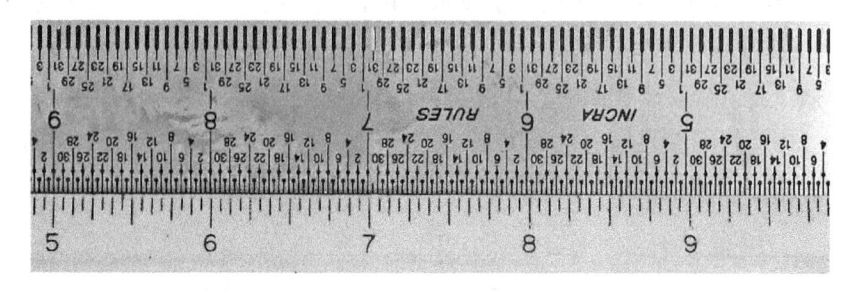

图2.1 典型的学生用标尺（下）与可溯源标尺（上）的比较。请注意它们的许多刻度线无法对齐。

一旦选择了测量器具，就必须考虑测量程序，这并不像最初看起来那么简单。当你开始思考变异和不确定度的产生过程时，你会发现贡献因素有很多。我们习惯于考虑准确度，但往往忽略了变异性。两者对于法庭测量都很重要。对于我们目前的示例，我们可以尝试如何进行测量。第一次尝试是在视觉上将硬币与标尺的末端对齐，但这增加了不必要的主观性（图2.2）。我怎样才能确定硬币的边缘和标尺的末端完全对齐呢？我或许可以合理地调整它，但有一些途径可以改进这种方法。在图2.3中，通过其他的直边来对齐硬币，这样就可以很容易地计算出两个直边之间的距离，使这个测量程序得到改进。该测量程序中的一个小变化就会提高准确度，但是变异性呢？如果你仔细观察这张图，你会发现右边的直边不是垂直的。如果以这样的测量程序，测得的直径应该会比真值大。尽管图2.3中的示例有些夸张，但是你可以想象分析员对齐直边的方式会有小的变异。因此每个测量之间也会相应产生小的变异，不确定度就会产生！

它的程序修正如图2.4所示，右边的直边通过形成一个直角三角形被强制垂直。使用该工具和该程序，我们可以确信测量的直径具有可接受的准确度，并且在测量程序上的变异也是最小的。

第二章 不确定度的来源

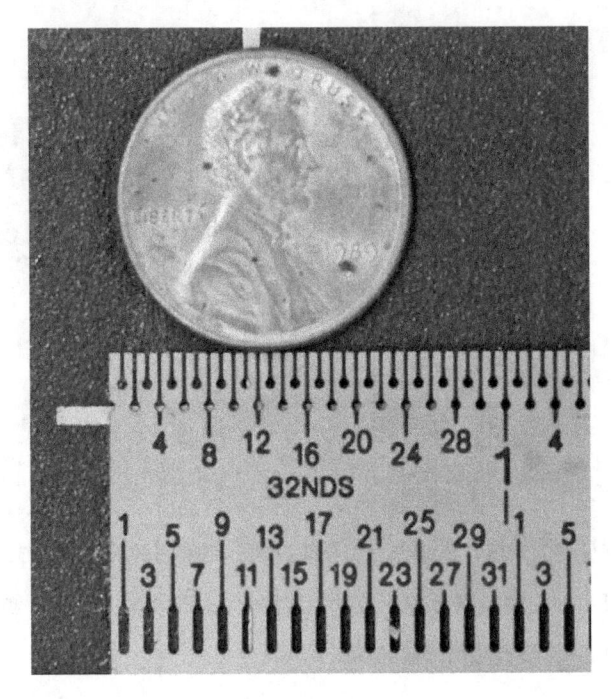

图 2.2 第一次测量硬币直径的尝试。用户可以在视觉上将硬币边缘与标尺的末端对齐。

图 2.3 测量程序的轻微改进。硬币的边缘现在不是由视觉上对齐,而是由两个额外的直边对齐。这里的问题是,无法确保直边是完全垂直的。

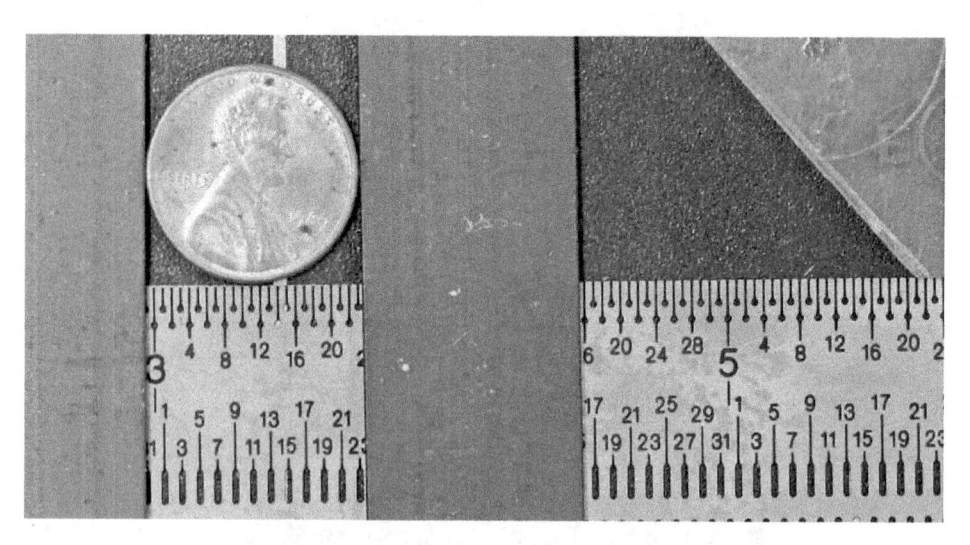

图 2.4 用一个有角度的塑料片来确保直边是垂直的。刻度间的间距为 1/32 英寸（1 英寸 = 2.54 厘米）。在硬币的左侧大概为 $2\frac{31}{32}$ 英寸。右侧为 23/32 英寸与 24/32 英寸之间。在这两种情况下，用户必须判断直边的落点位置。

值得注意的是，即使变异再小，它们都不可能为零，也永远不会为零。在本例中，读取标尺刻度的方式将有所不同。五个不同的人采用相同的测量程序，可能会得到五个不同的硬币直径值。这把精密的标尺以 1/32 英寸为单位进行校准。图 2.4 所示硬币的直径范围为 3.0 英寸至 $3\frac{23}{32}$ 英寸。左边似乎是 $2\frac{29.5}{32}$ 英寸，但很容易看出标尺摆放或刻度线之间的插值有多大影响，这可能会导致有人将其解读为 29.4/32 英寸甚至 29.8/32 英寸。由于直边不是直接重合在刻度线上，导致用户只能对直边的位置作出他们自己认为的最佳判断（插值）。同样，在硬币的右边，刻度线超过了 23/32 英寸，但小于 24/32 英寸，这也会导致不同的解读。得到的直径测量值可以从 24/32 英寸到 25/32 不等（0.750~0.781 英寸），这取决于用户如何理解刻度。这是一种正常预期变异，它来自直边的对齐方式和人们对待刻度线之间的插值方式。它不是误差，而是我们期望测量值所处的范围。再看图 2.3，直边是故意错位的。请注意，如果不修正这种错误，刻度读数将接近或超过 26/32 英寸（0.813 英寸），这是测量程序不规范的结果。如果不要求用户来正确对齐，这种变异将更大。这些都与标尺没有任何关系，我们知道标尺是可溯源的，因此对这个测量要求来说足够准确。这种变异来自标尺的使用方式。我们将多次遇到这种情况。工具的使用(测量程序),而不是工具本身,通常主导着不确定度的评定。

说到工具,这个任务的另一个选择是通过可溯源的卡尺来测量(图 2.5)。卡尺是此类测量的常用工具,具有合理、可行及适用的特点。然而,仅仅因为工具是数字化的,并不能确保它天生就更好。仔细看图 2.5,你会发现卡尺在使用前没有归零,虽然卡尺量爪是紧闭的,但仍有间隙,因此会记录到一个 0.001 英寸的长度。图 2.6 的情况更糟,卡尺量爪略微张开。如果用户现在归零,那么每一次测量都将有 0.028 英寸的误差。这会影响准确度,但并不影响变异性,因此被认为是一个系统误差。在偏差修正之前,每个测量到的直径都会偏大。就像标尺的情况一样,这不是卡尺的问题,而是测量程序没有规定卡尺在使用前要归零,或者有人没按规定归零。

你可能会问,在长度测量中,哪种方法比较好——确保垂直对齐的标尺还是卡尺？首先,我们必须明确什么是"更好"。在测量环境中,我们可以从准确度(接近真值)和变异性(数据中正常的期望离散度)这两个特点开始。因为标尺和卡尺都是可溯源的,并且能够将数据精确到小数点后三位,它们都符合我们的合理、可行及适用的标准。就变异性的第二个标准而言,两种方法都是可以接受的。然而,我们可以预测,与标尺法相关的测量离散度(预期变异)将会更大。

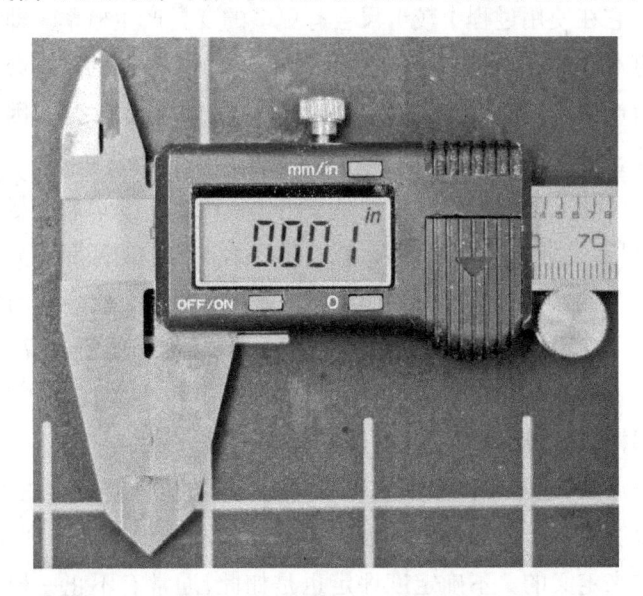

图 2.5 可溯源卡尺。即使量爪明显闭合,但读数仍显示 0.001 英寸。在使用前必须将其归零,否则每一次测量将会超出 0.001 英寸。

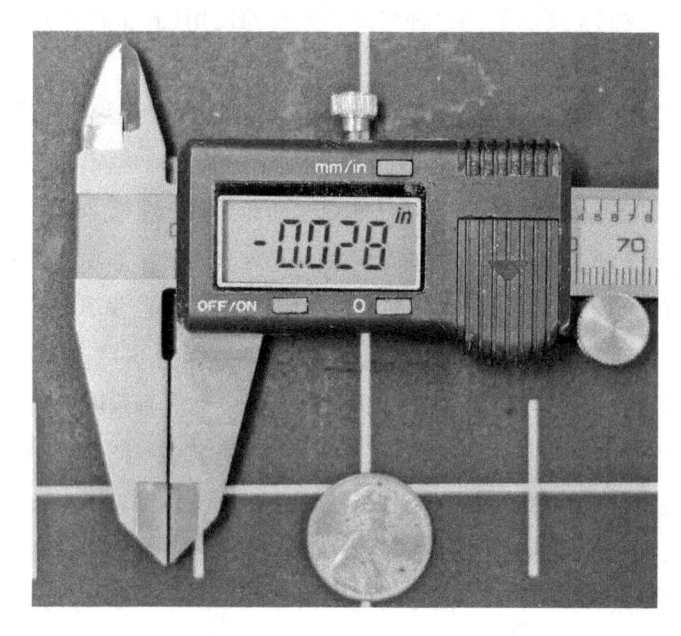

18 法庭科学中的测量不确定度——实用指南

图 2.6 卡尺没有闭合,因此每次测量都会产生偏移。如果不将量爪闭合及归零,准确度将受到不利影响。

这可能是因为它在使用过程中较卡尺会有更多的变异产生概率。即使使用标尺的角度是垂直对齐的,也很容易产生微小的差异,以及不同的人也会对标尺上刻度线之间的值产生不同解读。使用卡尺时,硬币被插入量爪之间,因此我们预计与标尺法相比,变异性会减小。

这种与标尺相关的较大不确定度重要吗?可能不重要。假如尽管它稍微大一些,但能够可靠地评定与报告,那么就不是什么本质性的问题。只有这种不确定度在不报告或被低估的情况下,才会成为一个问题。一枚硬币的直径值用标尺测得的值为(0.750±0.003)英寸,这并不比用卡尺测得的值(0.750±0.002)英寸差(图 2.7)。尽管使用卡尺得到的值的上下范围较小,但正如之前关于不确定度讨论的那样,即卡尺的使用范围是有限的。

重要的一点是,通常有许多方法可以通过不同的器具与不同的测量程序来获得测量结果。对于给定测量情景最有效的方法则是由诸如合理性、可行性及适用性等标准来定义的。不确定度评定也是如此;通常有不止一种方法可以做到这一点,只要数据能够达到要求就没有问题。

第二章　不确定度的来源

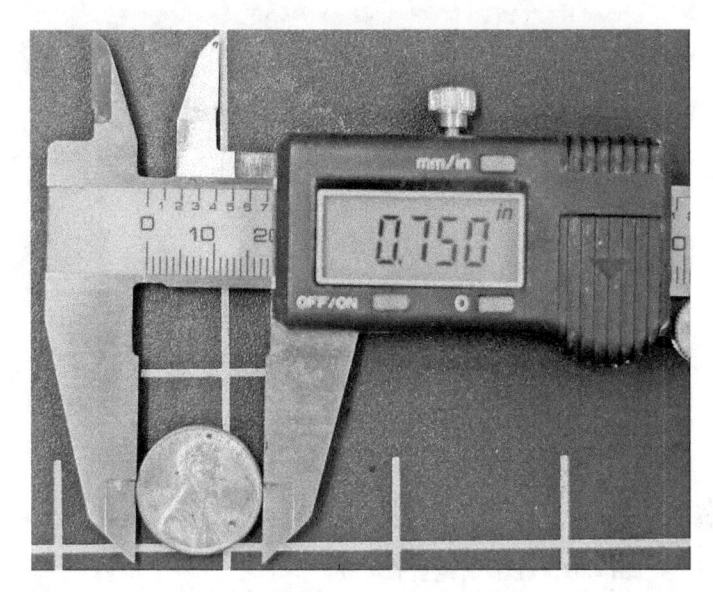

图 2.7　将量爪闭合并归零后测得的硬币直径。

2.3　硬币称重

现在假设一枚硬币的重量是某法律中的一个临界值。在法庭科学中，与之相对应的则是缴获毒品的重量（详见第六章）。进一步假设该法律规定，重量至少要报告到小数点后两位。这意味着我们需要一个至少能产生三个小数的测量工具。如果我们报告的硬币重量具有法律后果，那么重要的是这些数据具有可接受的准确度（重量尽可能接近真值），以及对相关不确定度的合理、可行的评定。多年来，我们希望我们的实验室能够对各种情况下的各种硬币进行称重，因此我们需要相应地开发和验证我们的方法。就像测量直径的示例一样，最佳的开始就是先以合理、可行及适用这三个标准来选择合适的器具。

让我们先来看一些糟糕的选择，如图 2.8 所示。选择体重秤不会符合任何标准，因为它显示硬币是没有重量的。在这种情况下，选择糟糕的器具会影响准确度，因为测量值并不是对真值的可接受评定。但变异性却不会受到影响，因为每个硬币都会产生相同但错误的 0 磅重量，每次都是一个精确但无用的结果。图 2.9 的情况要好一些，其中使用了厨房秤，但器具只产生一个数字，这在本例

20 法庭科学中的测量不确定度——实用指南

图 2.8 一枚没有重量的硬币。

图 2.9 同样的硬币在厨房秤上。

中仍不适用,因为我们需要报告到小数点后两位。而且使用这个器具仍会影响精度,因为测得的重量不是一个对真实重量合理或可接受的评定。

图 2.10 显示了使用这种厨房秤的变异性,但这种变异性却来自器具和称重程序。只要把同样一枚硬币移动到托盘的不同位置,屏幕上显示的读数就会由 2 g 变为 3 g。这是同一枚硬币在同一个天平上的称重,并且基本上在同一时间进行,但现在测量的值比第一次称重时高了 50%。使用厨房秤(使用错误的器具)对准确度和变异性(最终是不确定度)的影响是由于没有选择合适的器具与测量程序。

图 2.11 展示了一个合理、可接受、适合于硬币称重的器具。我们选择了一种能够将重量读数到小数点后四位的分析天平。如果天平被适当地进行校准,并且用可溯源的砝码验证过性能,以及具有一份天平准确度的报告文件,那么所测得的重量都将是对真值的可接受评定。一切都会非常顺利。

图 2.10　同样的硬币在厨房秤上有轻微移动。

图 2.11 硬币在典型的实验室分析天平上。

真是这样吗？我们已经选定了器具，但还没有讨论测量程序。你可能一开始会认为这并不重要——确保天平在没有任何东西的情况下读数为零；把硬币放在托盘上；并记录重量。会出什么问题呢？很多。在图 2.12 中，硬币被摆放在偏离中心的位置（偏心载荷），因此，现在测量的重量比通过定心载荷得到的重量少 0.002 g。在图 2.13 中，即使硬币在中心，重量也大不相同。如果你仔细看照片，你会发现天平不是水平摆放的，这也会对它的性能产生负面影响。这种偏差不是来自天平（仍然是通过校准和正常运行的），而是来自错误的测量程序或没有执行正确的测量程序。测量程序的问题影响了准确度和变异性。如果一个不规范的测量程序被使用或一个规范的测量程序被糟糕地执行，花钱买到最

第二章 不确定度的来源　　**23**

图 2.12　同样的硬币在相同的分析天平上偏离中心。

好的天平并不能解决测量程序上的问题，就像买到世界上最昂贵的可溯源标尺也并不能改善直径的测量。

　　幸运的是，这些问题可以通过培训和与文件相结合的方式最小化。法庭科学实验室的测量程序由标准操作规程(standard operating procedures，SOPs)来规定。仔细设计标准操作规程可以限制因工具使用不当而引起的变异。在天平的示例中，标准操作规程会规定，用户应该始终确保天平是水平的，并将要称重的物品放在托盘中心。理想情况下，任何具备资质且训练有素的分析员都会通过同等正确的操作来使用天平，将变异减少到可达到的最低限度。变异(和不确定度)永远不会被消除，但它可以减少到我们可以定量评定的最小值。

图 2.13 同样的硬币且在中心位置,但分析天平没有保持水平状态。

2.4 需要了解的知识

  前面的示例说明了不确定度评定的一个不可忽视的方面。为了生成一个可接受的精确测量,以及一个合理可行的不确定度评定,你必须了解正在使用的工具或器具是如何工作的。任何调用与测量相关的不确定度评定的人都应该足够详细地了解测量程序和器具,以解释可能导致不确定度的贡献因素。每个人都知道标尺是如何工作的,但你知道现代分析天平是如何工作的吗?要产生合理的测量结果(可接受的准确度和合理的不确定度评定),你必须了解工具的工作原理。你不需要知道它是如何制造的,但你需要知道它产生度量的基础是什么。

思考一下重量的获取。过去,确定重量是在一对天平托盘上一个重量和另一个重量进行比较。如图 2.14 中关于古埃及的示例,对称重的需求可以溯源到几千年前开始的商业贸易。使用这种简单的托盘设计,很容易确定哪个物体更重。在商业中,测量的目的是确定实际的重量是多少,并确保每个人都同意这个标准。这一点一直没有改变——即使在今天,我们确定的任何重量都是与国际选定的标准来比较(溯源性)。

图 2.14 古埃及宗教艺术中的天平。

为了获得一个重量数值,通过在对面的托盘中添加与物体重量相等的砝码来"平衡"物体。当两边重量相等时,指针会向上垂直 90°。"平衡"是字面意思——在一边需要测量的物体重量通过在另一边添加已知重量的砝码来平衡(图 2.15)。这个过程首先加入相对较大重量的砝码,随着砝码重量的增加不断接近与被称重物体的平衡点,然后逐渐减小加入砝码的重量。观察者统计平衡时摆放在托盘上的砝码并进行记录。在这种情况下,用可用的砝码来限制测量的准确度:如果它们以 1 g 为增量,那么在最好的情况下,测量重量的容差限制

图 2.15 1838 年用于商业的天平。通过在称量托盘对面添加已知重量的砝码来平衡托盘。

在±1 g。这与准确度有关,而与变异性无关。更小的重量与更精密的测量有关,但这是一个无穷无尽的更小重量循环,这完美地说明了为什么我们永远不可能知道一个物体的真实重量。我们将在第六章更详细地讨论现代分析天平是如何工作的。

2.5 流 程 图

至此,我们已经大致了解了如何设计一个具有准确度和变异性的测量程序(图 2.16),即三个任务:问题确定、器具选择和方法验证、不确定度评定。这简明地表示了在回到不确定度评定之前所涉及的大量思考及工作。然而,如果规划合理的话,你可以将不确定度评定的那部分集成到方法验证中。

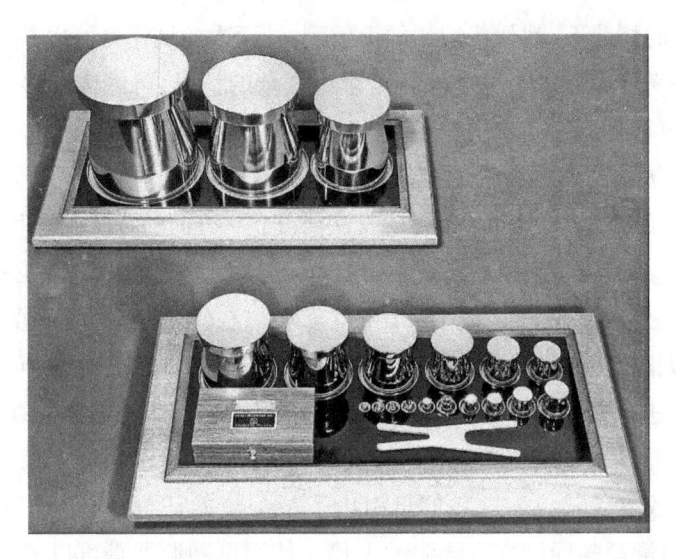

图 2.16 添加到天平托盘上的砝码。重量最小的砝码将决定所得重量值的合理程度。

　　图 2.17 详细描述了这个过程。起点和终点是相同的,但中间步骤被进一步分解,以说明它的迭代性质。与简单的硬币长度和重量示例一样,我们需要多次执行该测量程序来优化它。注意,通常首先需要达到要求的是准确度。如果器具和方法不能产生接近真值的可接受测量值,那么担心变异性和不确定度是没有意义的。就比如当我们使用厨房秤,那么对一枚硬币的不确定度评定将是没有意义的。在这个过程中还有其他的办法可以告诉我们如何解决出现的任何问

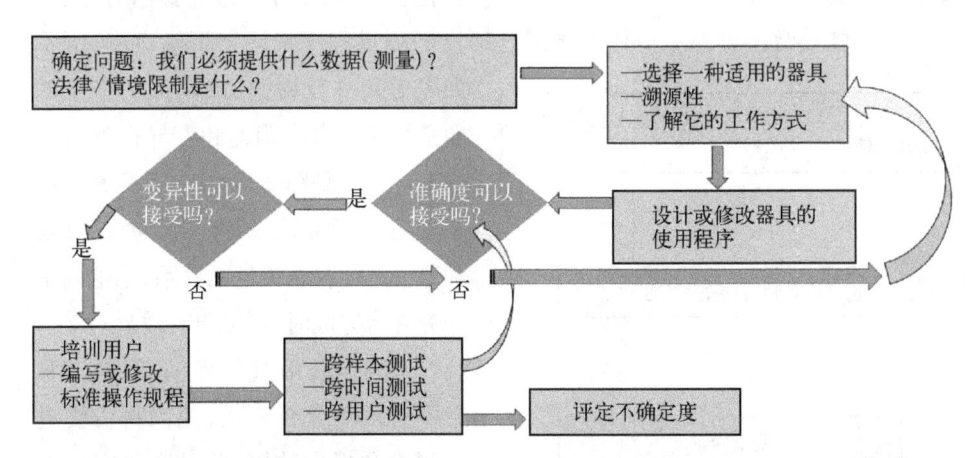

图 2.17 详细的流程图。该过程从选择器具开始,包括迭代步骤,以确保准确度和变异性是可接受的,然后再进行不确定度评定。

题。在简单的情况下,就如我们的硬币示例,一两次的试错就可以获得一个最佳的测量程序来合理评定不确定度。对于更复杂的情况,可能需要多次试错才能获得合理、可行且适用的测量程序。

在任何方法开发中,我们的第一个任务是梳理问题,并确定必须提供什么数据,以及以什么样的方式提供数据。通常法律或立法方面的考虑在这里很重要。我们必须将硬币的重量精确到小数点后两位,这定义了方法、设备和器具必须满足的最低性能水平。通常情况下,这些外部因素也会默认定义哪些方法、设备或器具不能使用,哪些可以根据实际情况灵活使用。就比如要测量硬币的直径,我们可以用标尺或卡尺;要对它进行称重,同样有很多种类的天平可以产生小数点后至少两位的数据。

再看图 2.17,结合我们的硬币直径的示例。假设根据法律规定,测量结果必须报告到小数点后三位。这一信息引出了下一步的任务:选择合适的测量设备,可以是可溯源的标尺或可溯源的卡尺。使用可溯源器具可以确保测量的结果尽可能接近真值。举例来说,假设已经有一把可溯源的标尺,我们想用它来测量硬币的直径。第 2.2 节描述了通过使用两个直边和一个标准角度来开发和完善测量程序的思考过程。这样做可以确保我们从标尺上得到的读数不会因为标尺读数点是否处于硬币边缘的正下方而出现偏差(图 2.3)。在标准操作规程的撰写中会考虑到所有类似因素,分析人员将接受培训,学习如何将硬币与直边对齐以获得读数。我们知道标尺是如何工作的(这里没有什么不明白的内容),以及如何评定刻度线之间的点,所以我们准备进入下一个步骤,即当我们必须测量真实硬币的直径并提交给实验室时,在我们期望看到的条件下检验我们的方法。

该步骤经常被忽视。与其直接用已确定的测量程序来评定不确定度,倒不如先对其进行检验,以确保它产生的测量结果符合准确度和变异性的必要标准。这就是图 2.18 中中间的方框所表示的,不确定度的评定与方法的开发和验证之间存在天然的联系,当这两个任务并行完成时,可以更有效。

继续以硬币直径为例,假设实验室中有两名分析人员,他们将负责进行测量和报告数据,并且实验室只有一把每个人都会使用的可溯源标尺。

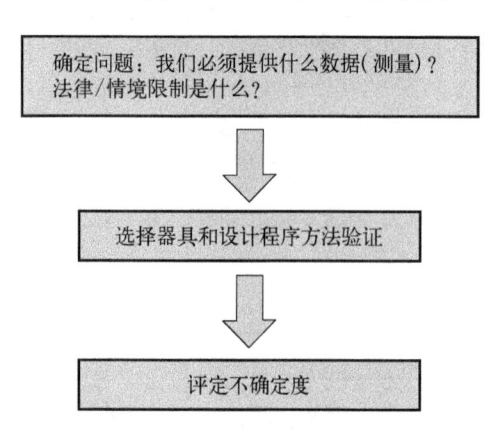

图 2.18 不确定度评定的主要步骤流程图。

如果每个人都遵循标准操作规程,那么什么样的变异将会保留,即使不管它有多小？首先,他们不可避免地会对刻度线之间插入的点产生不同的解读。甚至还可以想象,即使使用塑料角片,也不可能完全垂直对齐。这些变异是正常的、预期的、小范围的,可以通过遵循标准操作规程来对其最小化,但不可能消除。对这一部分的量化评定就是不确定度的全部内容。但是,在到达最后一步之前,有必要确保这个测量程序符合我们的标准。那么什么类型的检验在这里是有用的？我们有不同的分析人员和不同的硬币条件要考虑,因此,我们可以设计一个相当简洁明了的实验检验来"捕获"这些因素。

在这个示例中,分析人员获得了 20 枚崭新的硬币,并同意在两周以上的时间内随机测量所有硬币的直径,并将结果记录在表格中。他们不讨论彼此得到了什么,这个演练也不是专业能力测试。我们试图评定的是变异性,而不是准确度。准确度将单独评估。

注意,我们指定分析员将在两周以上的时间内进行测量。为什么这样做？答案是为了捕获随时间推移而影响测量的因素。诚然,对于一把标尺来说,这些因素可能是最小的,比如温度效应（金属会膨胀和收缩）或用户之间的差异。这些差异应该非常小,但通过随着时间推移来进行测量,我们可以捕获到这种变异。我们的目标并不是要确定热膨胀带来了多少变异——完全不是。我们的目标是捕获到随着时间推移不可避免的变化,不管原因是什么。我们也不关心实际直径是多少,只关心测量值的变化。没有真值,我们也没有评定准确度。我们有一个可溯源的标尺和一份标准操作规程,所以我们已经尽了一切努力来确保测量值将是我们在此环境中对真值所能产生的最佳评定。因为两名分析员使用相同的程序测量相同的硬币,我们可以预计,两名分析员的测量结果离散度是相同的。考虑到硬币是新的,而且操作程序如此详细,我们也预计离散度会相当小。

假设实验室进行了这项测试,两名分析人员在一周内测量了所有 20 枚硬币的直径,结果如表 2.1 所示。

表 2.1 首次测试：标尺

分 析 员	平 均 直 径	最大测量直径	最小测量直径
A	0.750 英寸	0.752 英寸	0.748 英寸
B	0.751 英寸	0.758 英寸	0.742 英寸

这些数据能说明什么问题呢？它们没有关于准确度的内容，却有很多关于变异性的内容。分析员们给出的范围有所不同。这可能是由于人的原因，也可能是由于测量程序的原因，但类似的小范围的预期没有得到满足。在图 2.17 的流程图中，我们将回答"变异性可以接受吗？"这个问题，并重新检查器具和测量程序。在这个例子中，一个简单而经济的选择是购买卡尺。基于器具的使用方式来要求更少的变异是合理的，因为我们已经完全消除了插值步骤。表 2.2 显示了分析人员经过新卡尺标准操作规程培训的测试结果。现在我们可以对图 2.17 中的变异性问题给出肯定的回答，然后进入不确定度的评定。

表 2.2　二次测试：卡尺

分析员	平均直径	最大测量直径	最小测量直径
A	0.750 英寸	0.752 英寸	0.749 英寸
B	0.751 英寸	0.753 英寸	0.749 英寸

哪种方法更好？根据得到的数据，两者都可以接受。使用卡尺的变异性更小（更紧密或更狭窄的离散度），但任何一个都可以是好的。你会怎么决定？我们已经讨论了标准——合理的、可行的和适用的。这里的选择对我们来说很容易——花费几美元购买卡尺。在随后的章节中，我们将对几种可以满足这三个标准的测量程序进行深入讨论。它们中的选择很少有这么简单。你的目标是开发满足评估需求的技术，了解潜在的贡献因素，并基于仔细的分析、合理的推理和可靠的数据来选择方法。

2.6　"屋中象"

存在一些非常显而易见的，可是却一直被忽略的问题吗？是的。在这个示例中，我们设置了这样一个场景，我们得到的指示是在可接受的准确度和最小的变异下测量硬币的直径或重量。尽管选择了正确的工具，培训了分析人员，并建立了标准操作规程，但我们还没有处理的是样本本身。这是法庭实验室的一个常见问题——样本很少是整齐、干净、悦目或简单的。来思考一下毒品样本，分析人员可以预期它是粉末、药丸、植物物质、液体、凝胶、焦油及其他物质。通常粉末从包装转移到称量盘或其他容器进行实际称重。把硬币放在天平的中心很容易,但把一袋植物材料放在中心就不那么容易了。获得任何样本的重量都有其独特的挑战。测量枪管的长度也是如此,它们的边缘不会是平坦、齐平或笔直的。

以硬币为例,想想这些年来你看到的各种情况下的硬币。它们既有光鲜的、崭新的、明亮的,也有肮脏的、有凹陷的、有缺口的、腐蚀的、捣碎的,甚至是粉碎的。对于获得重量,这些差异可能不会对测量程序有太大影响,但对于确定直径,这些差异可能会产生很大的影响。如何测量一枚已经凹陷的、有缺口的或平坦的硬币直径?重要的是要认识到样本及我们的处理方式会对我们所做的测量产生什么样的影响。我们将在后面关于不同类型的法庭测量章节中更详细地探讨这些问题,但重要的是要记住,当你考虑一个测量程序时,也要考虑样本。样本是测量程序的一部分。换句话说,不断地提醒你自己,用于生成测量结果的程序已经超出了测量事件本身。

2.7　总　　结

在大多数测量程序中,就变异而言,不确定度来自程序的程度要大于器具。程序越复杂,它就越能主导不确定度。认识到随着时间推移的自然预期变异是不确定度的核心,可以利用这一认识使看似难以解决的不确定度问题变得易于处理。

到目前为止,我们没有使用特定的语言、定义及数学。尽管我们已经在准确度和变异性方面描述了测量的优点,但现在我们必须具体说明。随着我们进入更复杂但仍然易于处理的不确定度挑战,我们还需要讨论基础的统计学。最后,你应该从本章中学到的一个关键概念是,准确度和变异性是独立的描述符。两者对于评估测量结果及其实用性和可靠性都至关重要,但其中的一个并不决定另一个。世界上最好的分析天平如果不能保持水平且负载偏离中心,那么它既不准确,也不可重现。相反,硬币在体重秤上称重时变异性是为零的,因为每次得到的结果都是零,而且完全不准确。请记住这一点,因为在方法验证、方法性能描述和不确定度的背景下混淆这两个概念是很常见的。

参考文献

Jones, F. E., and R. M. Schoonover. *Handbook of Mass Measurement*. Boca Raton, FL, CRC Press, 2002.

第三章

基 本 概 念

到目前为止,我们已经明确地定义了计量学和溯源性,并讨论了一般意义上的准确度和变异性。现在我们可以进入更具描述性与更具体的定义,我们将在本书的其余部分使用这些定义。对于我们即将讨论的定义,不同科学学科与法庭学科间的具体术语可能略有不同,但都与国际计量局的术语表一致。[1]我们还将从准确度相关的概念开始,回顾一些基础的统计学概念和指标。

3.1 接 近 真 值

到目前为止,我们一直用准确度这个术语来描述测量值与真值的接近程度,这是一个我们可以评定但永远不知道的量。准确度可以进一步细化为相关的概念:偏差、真实度和准确度。例如,假设你购买了一个重量为 10.000 g 的可溯源不锈钢砝码来检验实验室的天平,它售卖时的附带文件证明重量为 10.000 g±0.001 g。"±0.001 g"是在天平正常运行和正确使用的情况下,所测重量将改变的容差或范围。即使砝码是可溯源的,但仍然存在与之相关的容差。只要我们知道该容差是多少,我们就可以按预期使用砝码。如果我们将砝码放在天平上并获得 9.999 g 的重量,则天平的准确度是可以接受的,因为测量的重量在可溯源砝码的容差范围内,这是这种特殊天平的最佳使用状态。

现在假设记录的重量是 9.995 g。暂时把可接受准确度的问题放在一边,先考虑如何描述我们测量的值与公认真值 10.000 g 之间的差异。我们可以首先计算的是我们得到的值与公认真值之间的差值:

$$\text{差值} = \text{测量值} - \text{真值} = 9.995 \text{ g} - 10.000 \text{ g} = -0.005 \text{ g} \quad (3.1)$$

−0.005 g 称为偏差。我们接受可溯源的 10.000 g 值为真值(被称为"被普遍认为是准确的"),认识到这是我们在此背景下所能达到的最接近真值的实际值。我们的测量值是不一样的,差值就是偏差。注意我们保留了负号;它包含了重要的信息,我们测得的重量小于真实重量。这个单一的值也可以在测量的真实度或误差时被提及。还可以计算误差百分比:

$$误差(\%) = \frac{测量值 - 真值}{真值} \times 100 \qquad (3.2)$$

在本示例中即

$$误差(\%) = \frac{9.995\ g - 10.000\ g}{10.000\ g} \times 100 = -0.050\% \qquad (3.3)$$

这些仅仅代表一个数字,而不是范围或离散度。记住这一点很重要。在这种情况下,我们将误差的概念定义为测量值和公认真值之间的数值差。因此,"误差"一词的用法与它的一般非正式用法不同。在定量法庭测量中,误差是一个包含符号数字,专门描述公认真值和测量值之间的差异。在这个有限的示例中,误差不是不确定度,也不是错误。稍后,我们将在更多的方法验证和不确定度评定的背景下讨论偏差,但在这里,误差是一个包含符号的值。

为什么要考虑这些因素?因为它可以揭示有关测量程序和测量器具的重要信息。从定义上讲,在称重过程中产生正负差异的因素并不是偏差。假设你在诊所购买了一个可溯源的体温计来测量病人的体温。在使用它几个月后,你决定对其检查,以验证其校准仍然准确。如图 3.1 所示,温度计被放置在冰水中(一种常见的验证方法),并使其达到一个稳定的状态。得到的数值并不是预期的 0.0 ℃,而是 2.0 ℃,偏差为+2.0 ℃。如果一个人到达诊所时的正常体温是 37.0 ℃,那么体温计将显示 39.0 ℃,这表明即使这个人没有发烧,他的体温也超过 102°F。使用这种有偏差的温度计会产生系统误差,或者每次使用都会以相同的方式影响测量结果。我们在图 1.4 和图 2.6 中已经看到了这一点。这里的解决方法很简单——把温度计送去重新校准,使偏差尽可能接近于零。当数据和结果出现偏差时(通常在方法验证或质量保证/质量控制过程中出现),这种偏差的特征可以用来定位并校正问题。虽然不可能消除方法中的所有偏差,但我们的目标是将其最小化,理想情况下,它不会影响结果。假设温度计不变并重新校准,但偏差仍为+0.000 1 ℃。这样的偏差不会对结果产生影响,因为体温通

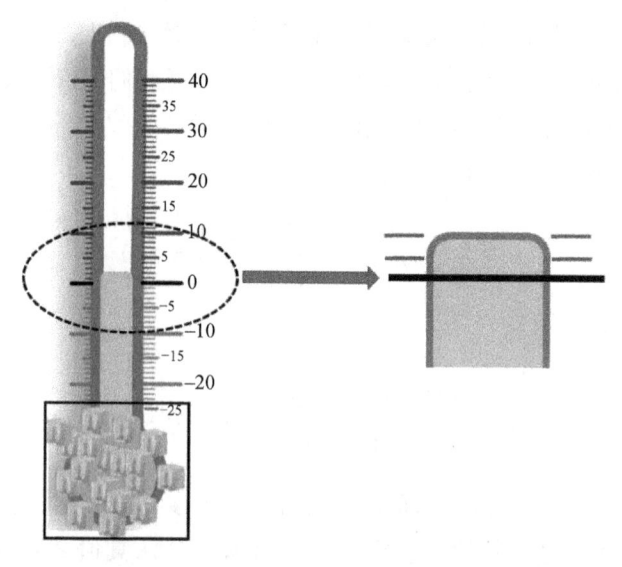

图 3.1 没有准确修正的温度计在使用它进行任何测量时都会产生系统误差或偏差。

常读取的小数点后一位(即 37.4℃)。考虑到数据的使用方式,0.000 1℃的正偏差尽管是真实存在的,但却可以忽略不计(在本示例中无法检测到)。

偏差的计算很重要,但它忽略了精确度概念中不确定度的元素。图 3.2 显示了具有可溯源砝码的完整测量情况。回想一下,可溯源砝码的容差为±0.001 g,这意味着考虑到与之相关的不确定度,9.999、10.000 和 10.001 的测量值都可以被认为是可接受的。同样,用于得到 9.998 g 重量的天平也存在不确定度,这些范围代表了准确度的随机分量。我们假设得到的偏差正负相同,并且作为真正的随机变异是很小的,根据其范围的大小,可能会出现不同的情况,如图 3.3 所示。测量值和公认真值之间仍然存在偏差,但两个值的相关范围却重叠在了一起。在这种情况下,给定每个值(真值和测量值)的预期值和可接受值的范围,只要不确定度被考虑在内,就可以认为这些值是可以接受的。

思考一下图 3.3 所示的情况。如果我们只报告这两个值(我们的测量值 9.998 g 和公认真值 10.000 g,没有范围),就会计算出 −0.002 g 的偏差(误差),如果没有恰当的解释,这可能意味着当我们考虑到自然预期分散性(准确度的随机分量)时,测量值和真值之间没有差异的误差或错误。因此,在计量学中,"准确度"的描述符比测量值和真值之间的简单误差更为微妙。关键是要意识到准确度(接近真值)既有随机分量,也有系统分量。

第三章 基本概念

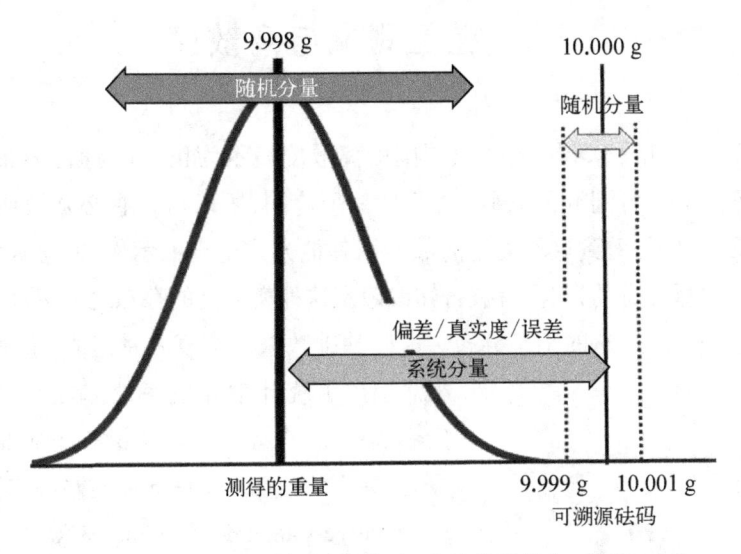

图 3.2 准确度有一个系统分量(偏差,这里的差值为-0.002 g)和一个随机分量(预期分散性/离散度/不确定度)。在这个示例中,测得重量的相关范围与可溯源砝码的相关范围不重叠。

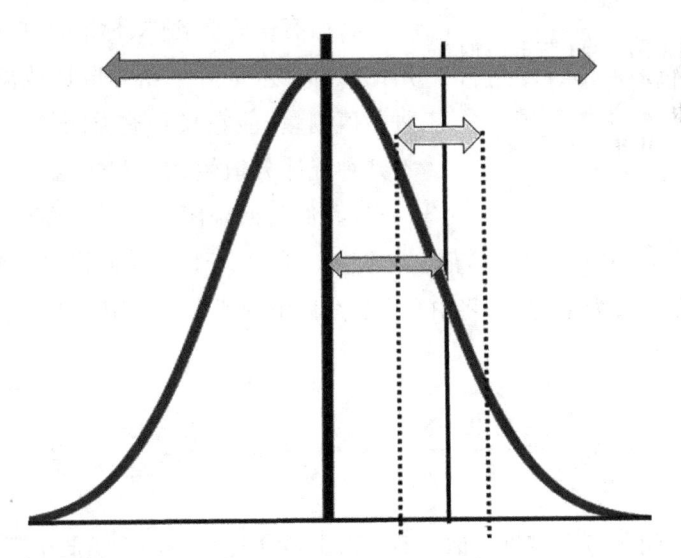

图 3.3 在本示例中,测得重量的相关范围与可溯源砝码的相关范围完全包含并重叠。

3.2 重复测量与离散度

在图3.2和图3.3中,测量值周围的离散度表示为正态(高斯)分布的钟形曲线特征。对于可溯源的砝码,容差是一个范围,所以这是它必须被使用的方式。稍后,我们将看到这种类型的数据以其他方式呈现的示例,但通常情况下,范围是我们所拥有的,在没有被告知或确定这种离散度的存在之前,我们不能假设或创建一个关于它的正态分布。这些基础数据由重复测量组成,重复测量的概念引出了统计学和概率论。为了理解和评定不确定度,有必要重新认识一些基本的统计概念,如平均值(average);标准差;相对标准差(% relative standard deviation,%RSD),又称变异系数(coefficient of variation,CV);置信区间(confidence interval,CI);概率分布函数(probability distribution functions,PDFs)。

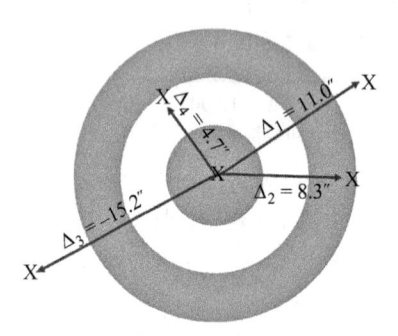

图3.4 类似第一章(图1.3)的靶标示例,以英寸为单位计算距离。击中中心水平线上方的飞镖被赋正值,击中中心水平线下方的飞镖被赋负值。

在所有这些概念中,标准差往往是最难理解的。标准差是对数据分散性或离散度的一种数值测量,但它只是这类测量的其中之一。有几种统计分散性的衡量方法。为了说明这一点,我们将回到图3.4所示的靶标示例。数据集主要由 $n=4$ 个数据点与靶心表示。对于这个示例,我们将中心水平线以上的所有数据定义为正(高),将中心水平线以下的所有数据定义为负(低)。平均偏差将计算为

$$Av.dev. = \frac{11.0 + 8.3 + 4.7 + (-15.2)}{4} = \frac{8.8}{4} = 2.2 \quad (3.4)$$

其中的问题显而易见。请注意,在图3.4中,有一个飞镖低于靶心,产生了一个使计算发生偏态的负偏差。通过这种方式计算,尽管平均距离(2.2英寸)不能小于各个值,但相反的符号可以相互抵消。为了缓解这种情况,我们可以取每个数据点的绝对值:

$$\frac{abs(11.0\text{英寸}) + abs(8.3\text{英寸}) + abs(4.7\text{英寸}) + abs(-15.2\text{英寸})}{4}$$

$$= \frac{39.2\text{英寸}}{4} = 9.8\text{英寸} \tag{3.5}$$

这个值被称为绝对平均偏差,如果我们将中心作为数据集的平均值,那么这个值就成为平均绝对偏差(mean absolute deviation, MAD)。这种分散性的测量方法可以用于任何选定的点,如飞镖的中心。该计算的一般公式为

$$\text{MAD} = \frac{1}{n}\sum_{i=1}^{n}|X_i - \text{平均值}| \tag{3.6}$$

对于投掷飞镖来说,这是一个合理的分散性值,因为它是反映平均误差的度量。平均来说,飞镖会偏离靶心 9.8 英寸。然而,在数据点以对称的方式分布在中心区域的情况下,例如在正态分布中,平均绝对偏差并不是最好的分散性值。如果我们放弃取绝对值的想法,消除相反符号问题的另一个唯一选择是将距离平方并取平均值:

$$\text{方差} = \frac{\sum_{i=1}^{n}(x_i - \text{平均值})^2}{n} \tag{3.7}$$

这个值叫作方差,在靶标的示例中:

$$\frac{11^2 + 8.3^2 + 4.7^2 + (-15.2)^2}{4} = \frac{443.020}{4} = 110.755 \tag{3.8}$$

虽然方差表示离散度,但该值的单位是英寸的平方,与我们的测量单位(距离中心的英寸)不相同。为了回到原来的单位,取平方根,得到的值为 10.52 英寸。注意,这个值(10.52 英寸)与平均绝对偏差 9.8 英寸不同。我们计算出的是标准差(σ):

$$\sigma = \sqrt{\frac{1}{n}\sum_{i=1}^{n}(x_i - \text{平均值})^2} \tag{3.9}$$

对于飞镖的例子,将以英寸为单位计算:

$$\sigma = \sqrt{\frac{11^2 + 8.3^2 + 4.7^2 + (-15.2)^2}{4}} = \sqrt{\frac{443.020}{4}} = \sqrt{110.755} = 10.5$$

$$\tag{3.10}$$

符号 σ 意味着这是评估整个群体(4个数据点)的一个总体标准差。另一种表示方法是有限的总体,即 $n=4$。对于有限的数据,平均值用符号 μ 表示,即真实平均值。在许多情况下,对给定总体中的每一个成员都进行评估既不可行也不合适,而标准差的计算也要考虑到这一点。

假设你的任务是确定州际高速公路系统中标识车道的白线的平均长度。测量所有的长度显然是不可行的,但你仍然需要知道平均长度是多少。你可以从这些线中选择一个有代表性的子集,比如在最近的州际公路上选择100条线,而不是全部测量。计算出的样本平均值($n=100$)用符号 $\bar{X}$ 表示,此时的标准差称为样本标准差(s),这是因为这个样本(100条线)不包含总体中的每一个成员(每条公路上的每条线)。此时计算标准差的公式有一个小的变化,需要将平方和除以 $n-1$ 而不是 n。原因是,当你取一个子集时,计算 σ(除以 n)往往会低估标准差的真实值。如果除以 $n-1$(一个较小的数字),则得到一个较大的标准差(s)。这个较大的值是总体标准差 σ 的一个较好的(偏差较小)评定。尽管 s 在很多情况下用来同时表示标准差与样本标准差,这并不像定义的那样,但其真正的含义只代表了样本标准差。表3.1列出了基本统计术语和定义的摘要。

表3.1 平均值和标准差的符号定义

计算的值	使用的数据	符号	公式
平均值	整个群体	μ	$\sum_{i=1}^{n}(x_i-\mu)^2$
平均值	抽取子集	$\bar{X}$	$\sum_{i=1}^{n}(x_i-\bar{X})^2$
方差	限定数据	σ^2	$\dfrac{\sum_{i=1}^{n}(x_i-\mu)^2}{n}$
方差	抽取子集	s^2	$\dfrac{\sum_{i=1}^{n}(x_i-\bar{X})^2}{(n-1)}$
标准差	限定数据	σ	$\sqrt{\dfrac{1}{n}\sum_{i=1}^{n}(x_i-\mu)^2}$
标准差	抽取子集	s	$\sqrt{\dfrac{1}{n}\sum_{i=1}^{n}(x_i-\bar{X})^2}$
相对标准差或变异系数	两种类型	%RSD 或 %CV	$\dfrac{标准差}{平均值}\times 100$

关于标准差,一个经常被问到的问题是,我需要使用 σ 和 s(总体与抽样统计)的最小数据点数量是多少?遗憾的是,答案是"视情况而定"。

随着抽样数量的增加,s 应该接近 σ,在某一时刻,s 与 σ 之间的差异将变得不显著。以高速公路线路为例,有些人会争辩说,因为 $n>20$ 或 $n>30$(根据经验引用的数字),总体统计数据是合适的。而有些人则会说应该使用样本统计数据,因为 100 条线只是总线数的一个很小的子集。这里并没有什么死规定,只有理性的思想和合理的、可行的、适用的标准。在法庭科学背景下,最好是做出可能导致高估不确定度的保守决定,而不是做出可能导致低估的风险决定。然而,这并不意味着必须自动默认抽样统计数据。这要看情况而定。在本书中,当这些问题出现时,我们将对其进行讨论和选择性解释。

3.2.1 重复测量示例

让我们来看一个比飞镖更现实的法庭案例。假设你想要评定实验室中 10.000 g 可溯源砝码测量值的预期变异。为了便于示例,进一步假设实验室中有 3 名分析人员,你希望在两周以上的时间内对其进行随机测验。每名分析员被指示使用标准操作规程(SOP,一个天平)在随机时间内对可溯源砝码称重,每名分析员总共 20 个砝码。在理想情况下,数据集将包含 60 个数据,并且大小均为 10.000 g。然而,存在与可溯源砝码(容差)相关的不确定度,以及与我们的程序相关的不确定度,所以 10.000 的小随机偏差并不值得关注。重要的是要描述变异是什么。原始数据汇总于表 3.2。

表 3.2 可溯源砝码的测量值(g)($n=60$;20 天,3 名分析员)

10.000	10.000	9.999	10.994	10.000	10.000	10.004	9.999	9.993	9.995
9.995	10.001	10.003	10.000	10.000	10.000	10.000	10.001	9.999	10.001
9.998	10.000	10.000	10.000	10.004	9.998	9.998	9.995	9.995	9.990
10.001	10.000	10.000	10.004	10.005	9.997	9.997	9.993	10.000	10.000
9.999	9.995	10.000	10.001	9.994	9.999	9.999	10.008	10.000	10.000
9.996	9.997	10.000	9.991	9.999	10.004	10.004	10.007	9.999	10.006

该数据集的平均值为 10.016 g,标准差(σ)为 0.127 g。经常与这些联系在一起使用的量是相对标准差,它也被称为变异系数:

$$\text{RSD}(\%) = \frac{标准差}{平均值} \times 100 = \frac{0.127}{10.016} \times 100 = 1.3\% \tag{3.11}$$

这很有用,因为我们需要知道相对于平均值的差值大小。事实上,为了进行比较,相对标准差比标准差本身的值要有用得多。

为什么?如果我报告了一个数据集的标准差为 2.3 g,你很难由数据本身看出这是什么意思。这是一个大的离散度还是小的?仅凭标准差的数值并不能提供足够的信息来回答这个问题。考虑两种情况,第一组数据的均值是 100,第二组数据的均值是 10 000 g。两组的标准差均为 2.3。在第一组的情况下,相对标准差为 2.3%,而在第二组的情况下,相对标准差为 0.023%。即使使用相同的标准差数值,第二个数据集的差异也比第一个数据集小得多。构成可接受的相对标准差取决于整个过程。在不确定度评定中,当我们需要明确单位并将数值表示为小数时,变异系数也可以用于其他方式。如果平均值和标准差都用克来表示,那么变异系数(用克除以克)是无单位的,并且离散度用相对形式来表示。我们将在第四章详细讨论这个问题。

回到当前三人测量砝码的示例中,我们可以对预期结果进行预测(或假设)。训练有素的分析人员在干净的功能天平上称量坚固的不锈钢砝码,这是一个简单的操作;因此,大于 1% 的相对标准差需要严格审查,因为数据与我们的预期不匹配。表 3.3 以更翔实的方式提出了适合这种分析的数据。

表 3.3 分析员测量的砝码重量

事件编号	分析员 A	分析员 B	分析员 C
1	10.001	10.000	10.001
2	10.000	9.995	9.999
3	10.000	10.005	9.993
4	9.999	10.006	10.000
5	10.001	9.993	9.997
6	10.000	9.992	9.995
7	10.000	10.000	10.001
8	10.000	10.004	10.000
9	10.001	10.004	10.000
10	9.997	9.995	9.995
11	9.999	9.995	9.994

第三章 基本概念

续 表

事件编号	分析员 A	分析员 B	分析员 C
12	9.999	9.998	9.999
13	10.000	10.000	10.004
14	10.000	9.990	10.000
15	9.999	10.007	9.999
16	10.003	10.994	10.008
17	10.000	10.000	9.999
18	9.998	10.000	9.997
19	10.000	9.991	9.996
20	10.000	10.004	9.995
平均值	10.000	10.049	9.999
标准差（样本）	0.001 23	0.223	0.003 56
标准差（总体）	0.001 19	0.217	0.003 47
相对标准差	0.012	2.2	0.036
最大值	10.003	10.994	10.008
最小值	9.997	9.990	9.993

数据显示，分析员 B 获得的数据的相对标准差大约是其他两人相关数据的 10 倍。如果这是来自真实实验室的数据，那么下一步就是与分析员合作，找出造成这种差异的原因并解决它。一旦完成了这些操作，就可以再次收集数据并进行检查，直到所有三人对砝码称重的相对标准差（以及差值）都具有可比性。一些统计学技术（假设检验或方差分析）将在这种情况下使用。要意识到，在这个人为的示例中，不诉诸假设检验，问题就很明显，但情况并非总是如此。

回到第二章，查看图 2.17 和图 2.18。图 2.18 中的中间框是需要这种类型评估和检验的地方。在这个示例中，由于该方法还没有经过优化和验证，所以我们过早地跳到不确定度的评估。相对于图 2.17，我们将对关于可接受准确度的问题回答为"是"，而对关于可接受变异性的问题回答为"否"。因此，我们回到测量程序，并实施额外的培训，以确保每个人都知道天平如何运行，以及如何正确地使用它。我们不需要更换器具；天平并没有问题。我们需要修正它的使用方式。这种类型的修复被称为程序修复或程序修正。这种类型的迭代改进对于方法验证和最终的不确定度评定是至关重要的。

请注意,在表 3.3 中,抽样样本(除以 $n-1$)和总体(除以 n)都已计算并显示,并且样本标准差(s)比总体标准差大,那么哪个是正确的?因为我们为每个分析员收集了 20 个数据点,所以只要我们将投掷飞镖的整个群体视为 4 个事件(图 3.4),就可以认为总体等于 20。然而,考虑一下这些子集是否能代表你想要描述的整个群体。在法庭科学实验室里,数年来每天都会测量很多次重量,所以 2 周内收集 20 个样本可能不如收集 1 年的数据有代表性。这个限定的数据集是由数千个测量数据组成的总体的子集。因此,样本标准差在此处会有优势。作为一个额外的原因,如果实验室确实收集了数月或数年的数据,这种概率很大(历史数据),此时样本和总体数据的价值就会变得难以区分。最后,使用样本标准差时唯一需要考虑的问题就是,这个离散度可能被高估了,在法庭数据的背景下,高估一个范围(在合理范围内)通常比低估它要好。

3.3 正态分布(及其他)

此处给定数据集的平均值和标准差的概念基于这样一个假设:数据遵循一个由类似高斯曲线定义的正态分布。除了正态分布之外,数据还可以遵循许多类型的分布。在结合它们用于不确定度评定计算之前,你必须鉴别它们的分布类型。幸运的是,不确定度评定中常用的分布只有少数几种,并且被分为两类。

3.3.1 A 类分布

正态(高斯)分布是 A 类分布的一个例子。A 类不确定度贡献因素是通过反复测量确定的。表 3.3 中每个分析员收集的数据就是 A 类分布的例子。A 类分布的离散度或不确定度是用标准差(样本还是总体根据情况来确定)表示的。

假设我们测量 1 000 个回形针(名义上都是相同的尺寸、品牌和类型)的重量。我们可以预测(假设)数据之间会有小的随机变异,但总体上数据应该以平均值为中心。每个回形针的重量都是一个离散的数字,因此我们可以将其绘制成柱状图,如图 3.5 所示。这 1 000 个重量值中的每一个都被放置到一个跨越给定重量范围的"统计堆栈"中。柱子表示有多少重物落在统计堆栈里。例如,超过 40 个重量值范围为 2.52~2.53 g(第一个统计堆栈里有 23 个+第二个统计堆栈里有 24 个=47 个)。统计堆栈的大小会影响绘制曲线的形状。在这里,分布的形状表明其可以与正态分布曲线重叠。尽管统计堆栈并不完全遵循曲线,但趋势很明显——它似乎是高斯分布的。通过绘制柱状图来探索数据的第一阶段很重要,但它不能证明分布是正态分布。还需要通过其他计算描述符,以及统计假设检验。我们很快将讨论这些问题。

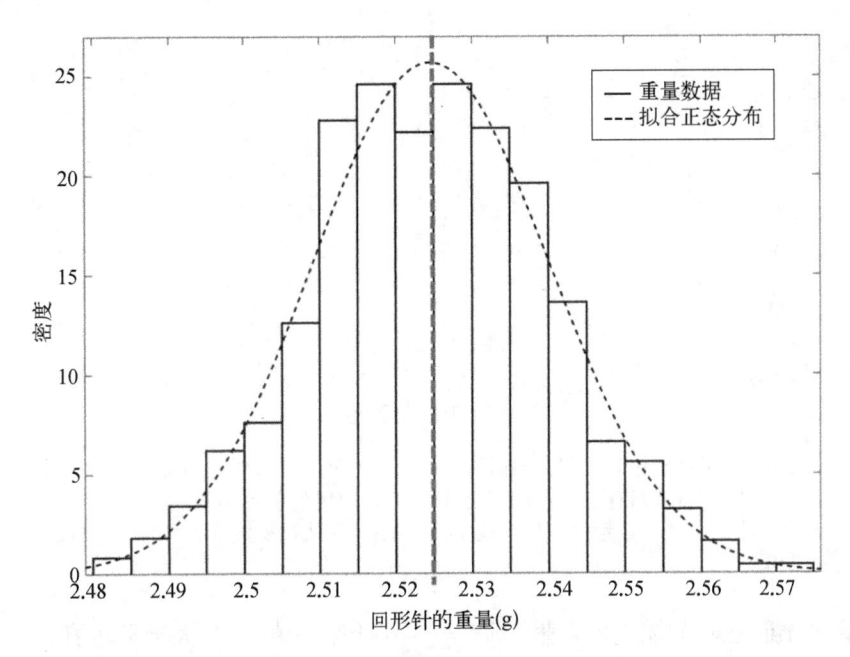

图 3.5　1 000 枚回形针的重量值分布。虚线表示符合这些数据的正态分布,中间灰色虚线是中线。柱状图在中线偏左的地方稍微较高,这反映在该分布的偏度和峰度度量计算上。

还有一类曲线也可以用来描述回形针重量数据的特征,即图 3.6 的回形针数据的累积分布函数(cumulative distribution function, CDF)。这张图显示了随着重量的增加,回形针重量值所占的比例。例如,在正态分布中,一半的回形针重量值将小于平均值,当重量值不断接近这个平均值时,就会有更大比例的回形针的重量值等于或小于该重量值。注意,在平均重量值处,0.5 或一半的总体分布已被统计。检查这条曲线的形状是评估分布正态性程度的一种方法,对正态性的假设检验就可以通过比较数据与理想正态分布间的累积分布函数差异。在图 3.6 中,有几个地方的回形针数据偏离了理想值,但不明显。在下一节中,我们将使用这个示例进行假设检验。

在正态分布的数据中,平均值周围聚集的数据最多,并且小于或大于平均值

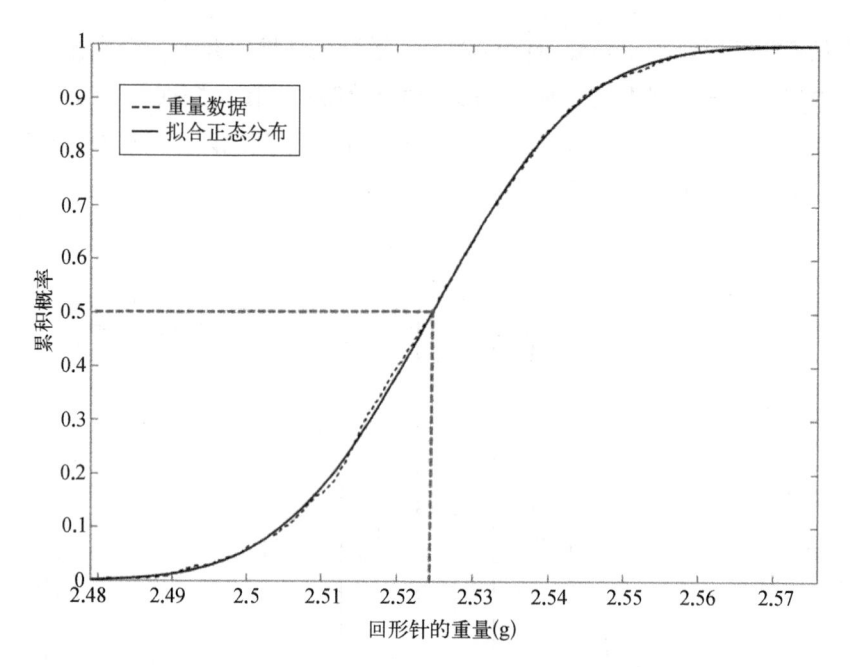

图 3.6 回形针数据的累积分布函数（CDF）。左侧黑色虚线上的轻微歪曲，与柱状图中线偏左稍微较高的地方对应。$y=0.5$ 处较粗的灰色虚线对应图 3.5 所示分布的中线位置。重量值有一半低于这个值（50%或累积概率为0.5），一半高于这个值。

的数据分布是对称的。重量值大约有一半小于平均值，一半大于平均值。图 3.7 显示了数据是如何按正态分布分组的。如果回形针重量数据是正态分布的，在我们的示例中，大约68%的重量在±1个标准差之间，这意味着大约680个回形针的重量（1 000个重量中）在 2.509~2.540 g 之间；大约950个在 2.494~2.555 g 之间；大约990个在 2.479~2.570 g 之间。这些百分比很重要，我们还会看到。曲线值和标准差下的面积，可以用于评估离散度和确定不确定度评定的概率与置信水平。

与分布相关的另一个术语是概率密度函数（probability density function，PDF）。它看起来很像一个带有拟合曲线的柱状图，但它们间有重要的区别。概率密度函数是一个函数，它反映了一个随机变量（如回形针的重量）具有某个值的概率。与柱状图不同，概率密度函数是一个连续函数，它被归一化，使曲线包含面积等于1，以给予确定的概率。如图 3.7（高斯概率密度函数）所示，我们现在可以说，任何回形针的重量值落在平均值±1个标准差内的概率是68.2%，因为这两个值处囊括的曲线包含面积是曲线包含总面积的68.2%。

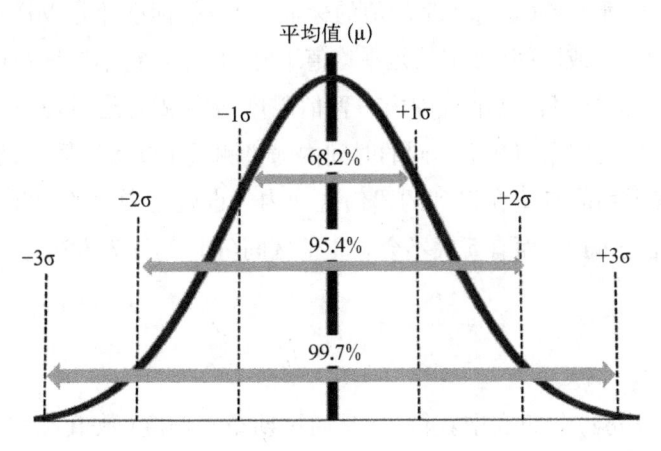

图 3.7 正态分布曲线包含面积。

让我们重新查看回形针称重的原始数据并绘制它们（图 3.8）。这些图表和数据是使用 Microsoft Excel® 制作的，它是目前法庭科学实验室用于创建不确定度评定和简单数据探索的常用工具。它还可以用于基本统计函数和绘图，如图 3.8 所示。一组汇总统计（Excel 提供的免费工具箱）显示了回形针的重量，这些指标用于数据探索。总结中报告的大多数数字都已经讨论过或你应该已经熟

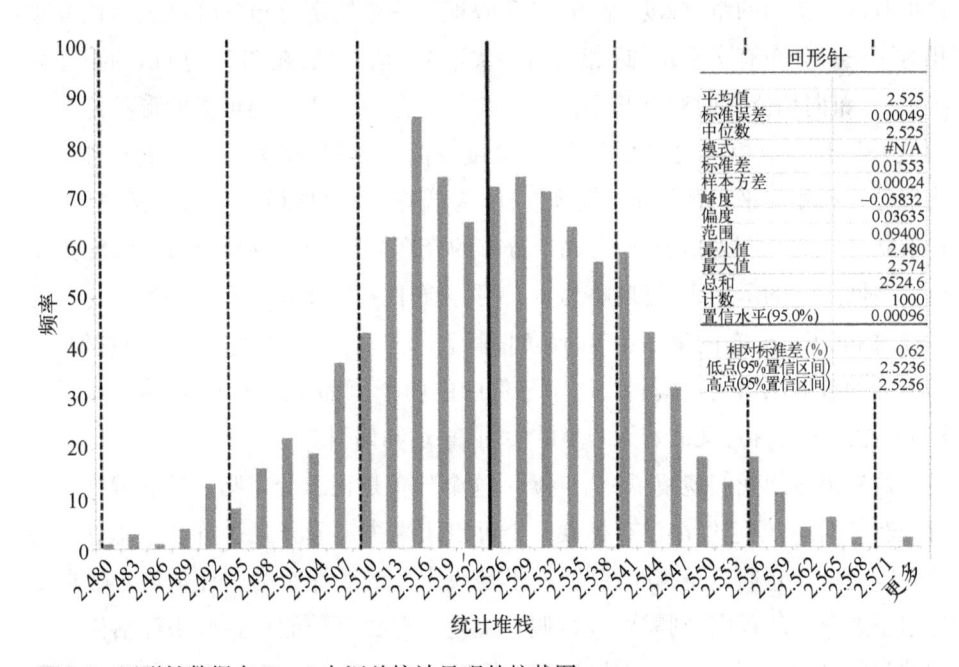

回形针	
平均值	2.525
标准误差	0.00049
中位数	2.525
模式	#N/A
标准差	0.01553
样本方差	0.00024
峰度	−0.05832
偏度	0.03635
范围	0.09400
最小值	2.480
最大值	2.574
总和	2524.6
计数	1000
置信水平(95.0%)	0.00096
相对标准差(%)	0.62
低点(95%置信区间)	2.5236
高点(95%置信区间)	2.5256

图 3.8 回形针数据在 Excel 中汇总统计呈现的柱状图。

悉了。其中,标准误差(也称为平均值的标准误差)是标准差除以样本个数的平方根。置信水平(或区间)评定的是平均值下降的区间,它不应该被解释为真实平均值有95%的概率在这个范围内。置信限度所定义的范围是一个平均值范围。例如,如果我们在100个不同的时间内随机测量100个回形针,那么95%的情况下,真实平均值有望在得到的置信区间内。也就是说,100次有95次真实平均值预计在区间内;而有5次不会。置信区间(CI)的计算方法为

$$CI = t \times \frac{s}{\sqrt{n}} \tag{3.12}$$

其中,t 从 t(t 检验)分布表中获得。t 是通过期望置信度(数值 α,稍后讨论)和样本数-1得到的。对于1 000个样本,标准差将除以999,并乘以 t 检验表中 t 的值。置信区间常用于样本数量较少的情况,如化学分析的三次重复。在图3.8 的示例中,置信区间可以这样表述:100次中有95次,数据的真实平均值预计在 2.523 6~2.525 6 g 之间。

对图3.8中的数据通过视觉观测已经表明它是一个高斯分布了,但是选用独立于统计堆栈方式的描述单元来对视觉观测进行补充则是一个很好的做法。这里有两个常用的量,峰度(平坦度)和斜度。一个给定分布的峰度表示该分布相对于正态分布有多平坦(或相反有多尖削)。请注意,在图3.7所示的正态分布中,分布向均值方向对称并平滑地增加。还存在一些其他可能的形状是在平均值处具有一个相对尖削的形状(高峰度,称为高峰),或者是逐渐上升且在平均值处具有相对平坦的形状(低峰度,称为低峰)。根据最常见的定义,具有平坦形状分布的峰度为负值,正态高斯分布的峰度为0,而尖削状分布的峰度为正值。在回形针的示例中,峰度略为负,表明分布比标准正态分布略平坦。与峰度一样,标准正态分布的偏斜为零,而负偏斜表示向左偏斜,正偏斜表示向右偏斜。回形针的数据稍微向右偏斜。这个示例中的两个值都接近于零,根据柱状图的视觉观测,这是有意义的。无明显的尖削、平坦和偏斜。

这里仍然给我们遗留了一个问题:这个分布是正态分布吗?虽然偏度和峰度是有帮助的,但它们都没有提供一个可以用来决定分布是否符合正态分布的统计学度量。它们只是判断性的,而不是决定性的。那么为了评估给定数据集近似正态分布的程度,则需要进行假设检验。有数百种假设检验来评估许多不同的问题,还有几种可以用来检验分布是否是正态分布。这里,我们使用单变量

的正态性检验,意味着对单一变量进行检验(即回形针的重量)。这里有几个可以不依赖 Excel 函数的常用检验。在建立不确定度评定时,有些情况下使用假设检验是可取的,以确保你假设的正态分布确实是正态分布。许多软件包将执行必要的计算,包括 R 语言,它是免费的。Excel 插件也是可用的。我们将研究一种常用的正态性检验,并借此机会讨论假设检验的一般情况。

3.3.1.1 假设检验之正态性检验

假设检验,或者更正式地来说,统计假设检验,是一种定量检验,通过它可以选出一种有助于解释结果的概率。在我们目前处理的示例中,我们要问的问题可以这样表述:回形针的重量分布是否是正态分布?假设检验正是一种比较性的检验,这里我们要将重量分布与理想正态分布进行比较。第一步是选择将要使用的检验。如果你查找或搜索常用的检验,你会发现有很多可供选择。这里我们将使用安德森-达林(Anderson-Darling,AD)检验,它可以将检验分布的累积分布函数与正态分布的累积分布函数进行比较。安德森-达林检验的一个优势是,它可以应用于许多分布,而不仅仅是正态分布。

一旦选择了一个检验,下一步就是根据假设陈述问题的可能答案:

虚无假设(H_o):回形针的重量服从正态分布。

备择假设(H_a):回形针的重量不服从正态分布。

H_o 被称为虚无假设,在这里你可以认为它意味着正态分布和回形针重量分布之间没有差异。备择假设则是指回形针分布不服从正态分布。这个问题的答案即是与否——是,它是正态的;否,它不是正态的。如果答案是否,检验并不会告诉你它到底是什么类型的分布。检验所做的就是揭示我们的分布与正态分布的比较。

如果你进行了检验并说明了是虚无假设和备择假设,那么就需要计算检验统计量。这就是软件至关重要的地方,因为对于某些检验,计算很简单,但对于一些检验,如安德森-达林检验,手工计算是不可行的。一旦得到检验统计量,接下来的决定就是接受或否决虚无假设。为此,首先需要确定显著性水平或临界值(α),通常为 0.05(5%)。你可以认为临界值是这样的:通过选择 5%,我可以确定我所做的决定(保留或否决虚无假设)可能不正确的概率为 1/20(5/100)。将临界值作为 0.05 是默认的,但不是唯一的选择。从法庭科学角度来看,也可以选择 0.01 或 99%的显著性水平。

如果对回形针数据进行安德森-达林检验,检验统计量的值为 0.350 5,临界值为 0.751 3。因为检验值小于临界值,所以保留了虚无假设。也即,检验表明,回形针数据分布和正态分布之间没有差异(虚无假设)。因此,回形针数据在95%的显著性水平上确实遵循正态分布,有5%的概率(1∶20的概率)接受虚无假设是不正确的选择。

3.3.2 B类分布

正态分布描述了相同量(这里是曲别针的重量)的重复测量。与A类分布不同,B类分布不是通过一系列重复测量建立的,在定义它们时也没有涉及统计分析。它们的变异仍然用一个近似于标准差的值来表示,但它不是用计算样本标准差(s)或总体标准差(σ)的方式来计算的。

B类分布的不确定度的获取方式取决于分布,通过示例可以很容易地理解。假设你购买了1.000 g重量的可溯源砝码来检查分析天平。该砝码将附带一份证书,注明它的重量为1.000 g±0.001 g。0.001 g是我们一直提到的容差,但它不是通过重复测量得到的值。相反,这个值是基于砝码是如何制造的,正态分布在这里并不适用。我们需要一种不同的分布来描述这个离散度,无论该分布是什么,我们都必须能够用标准差的当量来表示不确定度。如果我们这样做了,那么我们可以结合这些标准差得到总不确定度。

3.3.2.1 矩形分布和三角形分布

砝码的容差最好用矩形分布来描述(图3.9)。它的另一个名称是均匀分布,意思是重量是0.999 g、1.001 g或介于两者之间的概率是相等的。该容差不是通过重复测量获得的,因此没有与此范围相关的平均值或标准差。有一个中间点(1.000 g),但分布均匀,没有集中趋势。容差0.001(±值)定义为量a。重量小于0.999 g或大于1.001 g的概率为0,在两者之间的任何值的可能性都与其他值一样。

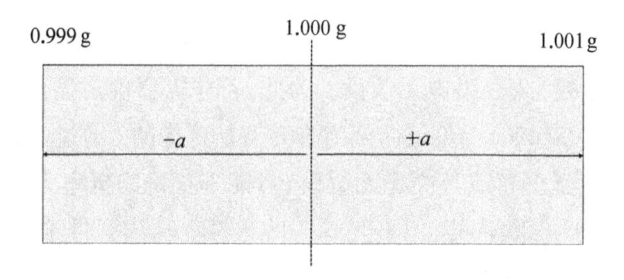

图3.9 可溯源砝码的容差为矩形分布。不存在像正态分布中那样的集中趋势,在这个范围内的任何值可能出现的概率都和其他值一样。a是+/-范围的值。

第三章　基本概念

另一种用于不确定度评定的 B 类分布是三角形分布。它与矩形分布的不同之处在于它有一个向中心值的趋势。然而,这种趋势也不是由重复测量得出或正态分布描述的。图 3.10 给出了一个示例。容量瓶是一种用于稀释和制备已知浓度溶液的玻璃器皿,它上面标记刻度线表示要稀释到的确切体积,例如 10.00 mL。容量瓶也会有一个已知的容差,如 ±0.02 mL,这意味着如果你完全加满到刻度线,体积将是 25.00 mL±0.02 mL。这可以用一个矩形分布来表示,但要知道容量瓶是如何使用的,我们可以合理地假设,在大多数情况下,一个受过训练的人会把它加满至校准刻度线处,如果液面不是在校准刻度线上的话,那么也将非常接近校准刻度线。换句话说,我们对呈现出集中趋势的值有一个合理的期望,但这并不是通过重复测量确定的。因此,根据设备的使用方式,它可以被定义为三角形。

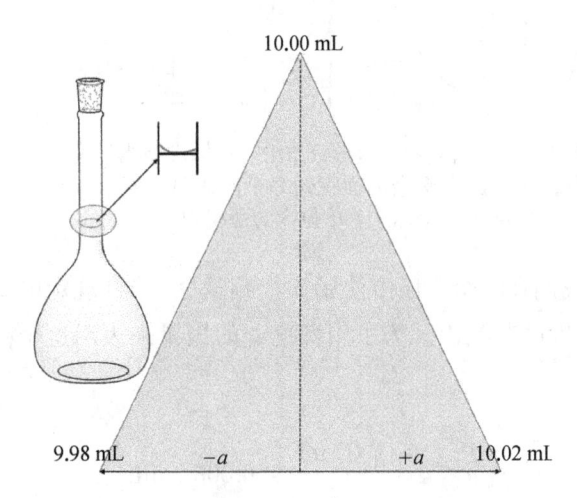

图 3.10　容量瓶的容差为三角形分布。我们期望有一个向中间的集中趋势,但没有重复数据作为预期趋势的来源。

当我们开始评定不确定度时,我们将结合来自不同分布的不确定度。例如,我们可以以某种方式将重复测量的不确定度(用 s 或 1 个标准差表示)与容量瓶相关的不确定度与砝码相关的不确定度结合起来。我们的方法是将方差(s^2 值)相加,因为标准差不可相加。如果用 1 个标准差来表示不确定度,就表示正态分布曲线包含面积约为 65%。相应地,我们需要添加相同的矩形和三角形分布的代表面积,以保持正确的比例。我们想要大约 65% 的矩形面积和大约 65% 的三角形面积。如图 3.11 所示,该面积可以通过 a 来计算。

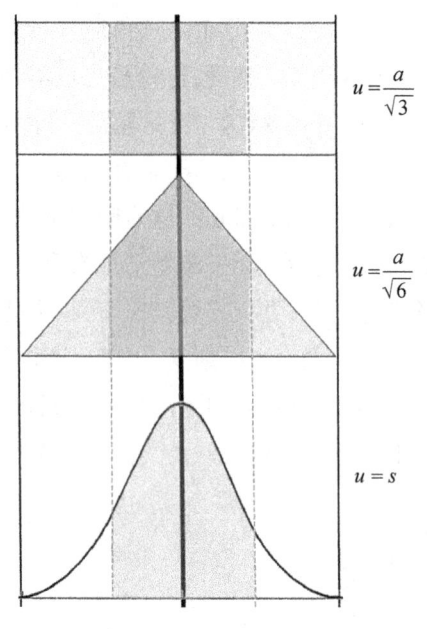

图 3.11 从直角和三角形分布中获得标准差当量的方法。当进行除法时,剩余的面积约等于曲线包含面积的 68%,与正态分布±1 个标准差单位内的面积相同。

例如,假设我们在一个程序中使用一个容量瓶,并将规定的 ±0.02 mL 的容差包括在不确定度的范围内。为了用标准差的当量来表示这个范围,你可以将其除以 $\sqrt{6}$:

$$u_{容量瓶} = \frac{0.02 \text{ mL}}{\sqrt{6}} = 0.008\,2 \text{ mL} \tag{3.13}$$

3.4 性能指标

我们在本章中定义的许多术语都是指方法或程序的性能。这些术语被称为性能指标(figures of merit,FOMs),它是对方法性能的量化描述。性能指标在方法开发和验证期间确定,并使用质量保证和质量控制协议进行监控。给定程序的性能指标数量和类型取决于方法和报告数据的类型。性能指标描述了两个标准,包括准确度和变异性/精密度,但现在我们必须将它们分解为具体的描述符。图 3.12 显示了定义如何与准确度和变异性相关联。为了评定不确定度,我们将关注与变异性相关的术语。图 3.13 提供了在取证应用中最常用的性能指标摘要和通用定义。[2-5]我们将在后面的章节中添加或修改其中的一些定义,并给出具体的应用,但每个定义的核心都是相同的。还有其他一些性能指标,如选择性、检测限和回收率等,但图 3.13 中的定义是我们在不确定度评定中要使用的。

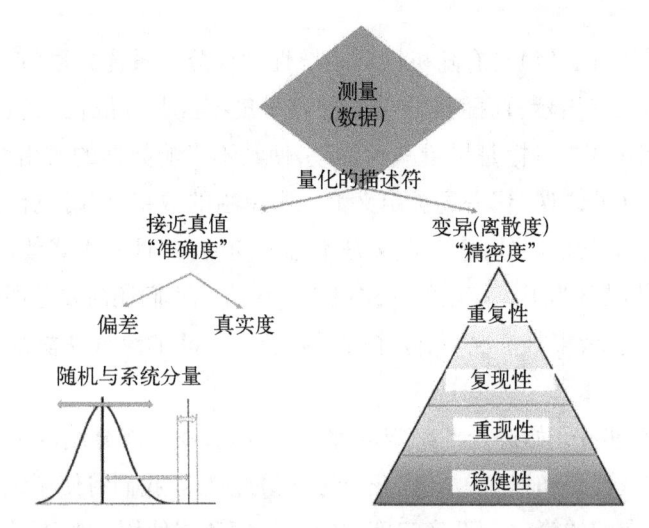

图 3.12 性能指标的准确度(左)和变异(右)。准确度具有随机分量和系统分量。重复性是通过在相同条件下同时进行的重复测量来测量的,并且应该有最小的离散度。当你沿着三角形往下移动时,变异就会增加。不确定度评定的重点是变异。

接近真值(准确度)			
	偏差(也称为真实度)	可接受真值与实验确定值之间的计算数值差。保留数字的符号(±)。	误差: 误差(%) = $\dfrac{观察到的 - 真实的}{真实的} \times 100$
变异(离散度或精密度)			
	重复性	在近似的时间与相同的条件下,重复测量相同的被测物	重复测量标准差(s)
	复现性	在不同的条件下,随着时间的推移进行复现	
	稳健性	故意改变方法条件,随着时间的推移进行复现	

图 3.13 一般的性能指标。

因为不确定度涉及变异和离散度,我们将经常使用重复性、复现性和稳健性,这些量的确定将取决于所采取的测量方法及使用方式。

3.5 总结与概述

准确度(接近真值)具有随机性和系统性的成分。系统分量(偏差/真实度/误差)用一个数字表示,而随机分量则用离散度/范围/分散性来表示。在任何分析或测量程序中,目标是尽量减少偏差,使其不影响数据的实用性或可靠性。重要的是,在这里,"误差"一词被定义为一个单独的数字,同时也代表偏差或真实度。在本书的其余部分,这个定义是不会改变的,并且是正式使用的,因为它经常与一般情况下非正式使用的误差定义相矛盾。我们还简要地回顾了统计学的有关概念。在大多数情况下,除了假设检验,Excel 的统计功能足以用于不确定度评定。

现在我们准备开始进行不确定度评定。首先,我们将介绍两种简单的测量方法,它们涉及器具和程序,并包含不同类型的分布。我们将使用统计学来探索数据,并得到我们的第一个不确定度评定。我们还将使用一些工具和技术来辅助不确定度评定。

参考文献

1. BIPM. *International Vocabulary of Metrology: Basic and General Concepts and Associated Terms* (*VIM*). Paris: Bureau International des Poids et Mesures, 2012.
2. Bureau International Des Poids Et Mesurs (BIPM). http://www.bipm.org/en/about-us/ (Accessed July, 2015).
3. National Institute of Science and Technology (NIST). http://www.nist.gov (Accessed July, 2015).
4. ICH Expert Working Group. "ICH Harmonized Tripartite Guideline: Validation of Analytical Procedures: Text and Methodology Q2(R1)," 2005.
5. U.S. Phamacopia, "USP: Validation of Compendial Procedures," 2006.

第四章

程序与步骤

本章开始正式讨论不确定度及其评定方式。我们将讨论用于评定不确定度的工具,学习帮助思考测量程序的技术,并发展系统的不确定度评定方法。我们将以测定酒精密度为例。尽管许多与法庭和分析相关的问题会更加复杂,但我们处理不确定度评定的方法基本上是相同的。在所有情况下,不确定度都来自测量设备(器具)和程序(包括执行测量的人)。在本章中,我们将看到如何鉴别造成不确定度的个体因素,如何确定它们遵循的分布类型(正态分布、矩形分布等),以及如何将它们进行结合。我们还将学习如何把各种贡献因素合成一个"大型整体"的方法,这将使不确定度的评定成为一项更简单的任务。

4.1 不确定度的定义

国际计量局(BIPM)的术语指南《国际计量学词汇》(VIM)将不确定度简明定义为"根据所使用的信息,表征被测量值分散性的非负参数"。[1]换句话说,不确定度就是我们期望某个值的存在范围。请注意,虽然分析方法的目的是获得尽可能接近真值的结果,但我们不能说出真值所在的范围。不确定度评定是对测量结果的期望分布进行评定。不确定度与准确度没有直接关系,也不能描述结果的好坏。不确定度所表示的是与测量结果相关的范围。任何分析方法都可以通过与之前描述的"被普遍认为是准确的"进行比较来解决准确度与量化的问题;用偏差或真实度来衡量,并通常用误差来表示。偏差/真实度/误差是一个单独的数字;不确定度则是伴随着显著性值或置信水平的一个范围。值得注意的是,不确定度既包含随机分量,也包含系统分量。因此,在适当的情况下,可以在随机分量的范围中加入关于偏差/真实度/误差的"单独数字",以反映由随机因素和系统因素共同组成的不确定度。理想情况下,已验证方法的任何可测量偏差都会减少,从而使测量结果与普遍接受的真值无法区分。因此,现在我们将专注于随机分量。

准确度和不确定度是紧密相关但又不同的概念,这往往很难掌握,因为我们使用的日常语言和测量科学之外的词语的含义与准确度和不确定度有显著区别。关键是:

- 每一次测量都会有一个相关的不确定度。
- 不确定度是评定的,就像真值也是评定的一样。
- 任何如实的测量都不能缺少不确定度的评定。
- 不确定度来自器具、程序、样本、环境和执行程序的人员。
- 不确定度不是误差。
- 不确定度不是错误。
- 不确定度不是可疑的同义词。
- 不确定度不是坏事,没有坏处,也不该避免。
- 不确定度的评定增加了测量的有效性。
- 通常有许多方法可以用来评定与测量有关的不确定度。

在第二章和第三章中,我们讨论了变异,并定义了变异/分散性/离散度的概念,所以你可能会认为测量的不确定度是标准差或置信区间。我所要做的就是测量三次,计算标准差,然后就可以了,是吗?并不是。同时进行三次测量可以表征重复性(图 3.13),但这只是组成测量程序不确定度的一部分。还有许多潜在的其他贡献因素需要考虑。

例如,假设你的任务是测量猎枪枪管的长度。你可以通过一个可溯源的标尺和正确的测量程序很容易地得到这个长度。为了得到足够的测量值来计算可能为零的标准差,对同一枪管进行 3 次、5 次或 10 次测量是没有意义的。在这种情况下你如何确定不确定度? 很明显,不确定度不仅存在,而且不局限于标尺,就像我们在第二章看到的那样。不确定度又回到了程序中,这也是我们接下来要探讨的——用来获得测量值的程序和用来评定不确定度的程序。

评定不确定度的主要参考书籍是《测量不确定度指南》,[2]简称 GUM。该文件于 1995 年首次发布,在 2008 年更新了版本,并补充了其他指南和文件。[3-6] GUM 是许多相关出版物和报告的基础,如《欧洲分析化学:对不确定度的估计指南》。[7]这些文件和相关内容均是免费的。这些类型的文件中,GUM 是很好的入门资料。[4]本书中关于不确定度评定的方法参考了 GUM。

4.2 不确定度的评定程序

4.2.1 英里/加仑数示例

我们已经讨论了方法验证和开发方法的一般流程图,通过该方法可以得到合理、可行且适用的测量。图 2.17 和图 2.18 展示了这个过程,并概述了评定不确定度之前的步骤,假设我们现在正处于此阶段准备评定不确定度。则该程序步骤可以分为四个阶段:

1. 鉴别。鉴别造成不确定度的所有潜在贡献因素。这是一个思考练习,在这个练习中,你会问自己什么会导致结果的变异/离散度/分散性。我们假设该方法已被验证,但通常在程序的这个阶段,由于考虑到不确定度,会进行一些小的改进。重要的是要对不确定度的贡献因素进行完整和如实的评估,而不(最初)考虑它可能有多么难以描述。重要的是鉴别它。

2. 最小化。如果鉴别出一个可以处理和减小的贡献因素,就会进入到该阶段。回想一下我们在第三章中对执行相同测量程序的三位不同分析人员的数据的讨论。我们注意到,一位分析员的重复测量结果相比其他两位的结果具有更大的分散性(表 3.3)。通过对该分析员进行培训可以使分散性最小化。这不是对方法或程序的根本改变,而是对现有方法或程序的改进。如果有一种合理且可实现的方法能够减少不确定度的贡献因素,那么就应该这样做。

3. 量化。一旦所有的贡献因素被鉴别并被最小化,下一步就是对它们进行量化。在只有几个贡献因素的情况下,这可能很简单。但在许多贡献因素很难或无法单独考虑的情况下,它们可以通过其他方法如历史数据或质量控制图被分组、合成及捕获。这就是为什么鉴别小型和/或难以测量的贡献因素很重要。它们不能被单独考虑并不意味着它们不能被表达。我们将通过更复杂的例子来了解这是如何实现的。

4. 评定。一旦对贡献因素进行了量化,就可以评定总不确定度。每个不确定度贡献因素被转换成 1 个标准差(图 3.11)的当量平方。这些平方值的和的平方根就是合成不确定度(u),它通常取自不确定度评定的形式,之所以这样命名是因为它类似于一种评定格式,但也会使用到工作表。其中,常用的是 Excel®,但也有其他的形式和方法可以应用。我们将看到几个示例。

我们可以从一个简单的测量示例来说明这四个步骤。假设你有一辆新款的汽车,它可以通过电子方式计算出汽车的里程数并实时显示出来。你决定通过手动计算英里/加仑(1 英里 = 1 609.344 米,1 加仑 = 3.785 升)对这个评定进行检查。该场景如图 4.1 所示。里程表显示自上次加满油以来的里程为 283.4 英里,而车主手册上说里程表上的"误差"为 ±0.02 英里。油箱加满需要 10.06 加仑,并且泵上的标签证明泵的输送值为显示值的 ±0.05 加仑。为了简单起见,我们假设程序已经优化("方法"已验证),没有泄漏,并且当达到设定的"最大值"时,泵停止输送。总之,我们可以说:

$$\text{不确定度}_{英里/加仑} = \text{不确定度}_{泵} + \text{不确定度}_{里程表} + \text{不确定度}_{程序} \quad (4.1)$$

该公式我们可以化简成:

$$\text{不确定度}_{英里/加仑} = \text{不确定度}_{泵} + \text{不确定度}_{里程表} \quad (4.2)$$

因为我们现在假设该程序不会影响数据的离散度。所以我们已经完成了第 1 步,即鉴别出贡献因素。因为我们不能做任何事情来最小化这些值,所以需要对每个贡献因素进行特定的量化。

泵和里程表的变异都被列为容差值,它们告诉我们在什么范围内的实际英里或加仑将下降。我们没有额外的信息,没有标准差,也没有合理反映任一规定容差集中趋势的期望值。因此,这些范围可以用矩形分布来很好地表示,如图 4.1 所示。对于泵(a)值为 0.05 加仑,对于里程表(a)值为 0.02 英里。为了使

汽油泵
容差:
± 0.05 加仑
4位有效数字

里程表
容差:
± 0.02 英里
4位有效数字

绝对不确定度
−0.05 加仑 +0.05 加仑

−0.02 英里 +0.02 英里

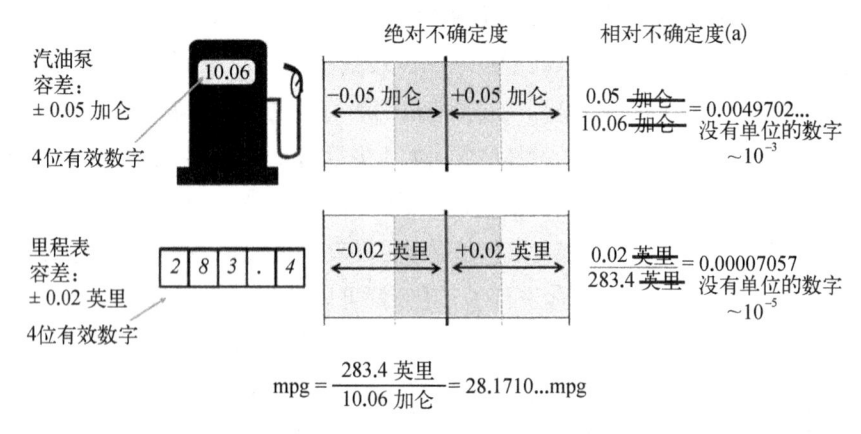

相对不确定度(a)
$\dfrac{0.05 \; \cancel{加仑}}{10.06 \; \cancel{加仑}} = 0.0049702...$ 没有单位的数字 ~10^{-3}

$\dfrac{0.02 \; \cancel{英里}}{283.4 \; \cancel{英里}} = 0.00007057$ 没有单位的数字 ~10^{-5}

$$\text{mpg} = \frac{283.4 \; 英里}{10.06 \; 加仑} = 28.1710... \text{mpg}$$

图 4.1 英里/加仑的不确定度计算中有两个贡献因素。两者的容差被视为矩形分布,不确定度以相对形式表示,因此两者可以相加。

用这些不确定度,我们首先需要将每一个都转换成一个相对值,因为它们的单位不匹配(你不能将英里的平方与加仑的平方相加)。这是通过将(a)值除以总量来完成的,如图 4.1 所示。结果是无单位值,表示泵和里程表的相对不确定。通过查看它们的数量级可以很快确定出哪个是最大的贡献因素,因为泵的值为 1/1 000(10^{-3}),里程表为 1/10 000(10^{-5})。我们现在不会对此做任何处理,但是如果除了改进方法之外别无其他办法时,从主要贡献因素的角度开始思考是一个很好的做法。

现在我们有了单个的贡献因素,接下来需要将它们转换成标准差的当量。因为两者都是没有额外信息、没有重复数据及没有集中趋势预期的容差或范围,所以我们可以排除正态分布和三角形分布,而选择矩形分布。我们只需要大约 68%的面积,因为我们希望获得相当于正态分布的一个标准差。一旦这些值被计算和平方,我们就可以将它们合成起来,如图 4.2 所示。从概念上讲,我们将两个标准差当量相加,可以创建一个具有自己独特形状的和。[4] 不管它是什么形状,它都是由一个标准差当量的平方加上另一个标准差当量的平方得到的。

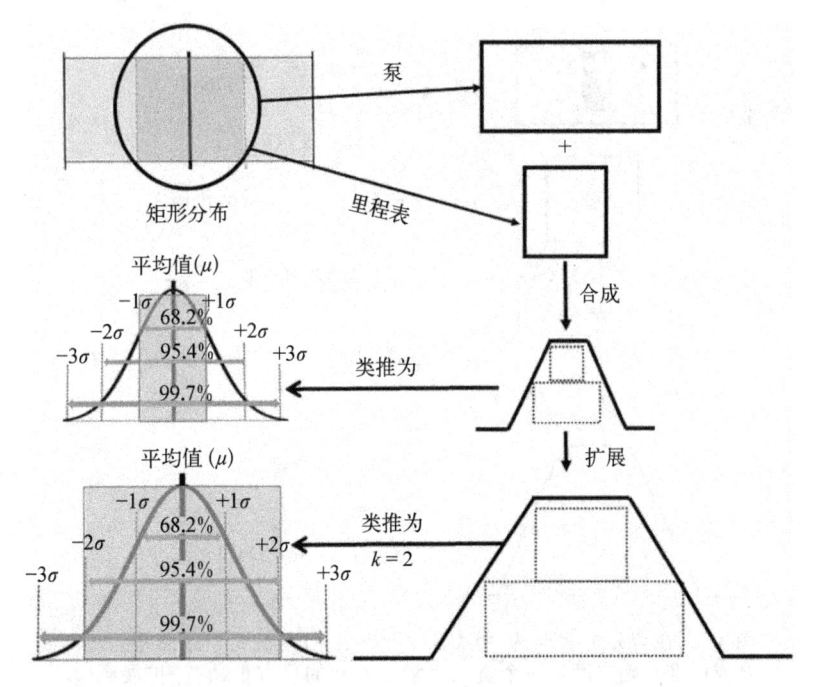

图 4.2 将两个矩形分布进行合并与扩展,合并的分布包含了大约 95%的面积。

如果我们在这里停止计算,我们将在大约68%的概率范围内工作,相当于+/−1个标准差下的面积。我们想要扩大不确定度,包括更多的曲线包含面积。这需要通过使用一个扩展系数来完成,用k来表示。注意,这是小写的k。在不确定度评定中,这个字母是专门使用的。例如,带下标的小写u表示单个或总计的贡献因素,而大写U表示最终合成扩展不确定度。如图4.2所示,通过将一个标准差当量乘以2,我们扩大了合成不确定度的范围,以纳入2个标准差当量或约95%的曲线包含面积。如果我们使用$k=3$的值作为乘数,我们就包含了大约99%的曲线包含面积。这个值就是U,或者扩展不确定度,你可以将它与所用的包含因子k一起报告。

英里/加仑的计算示例如图4.3所示。通过除以$\sqrt{3}$将单个贡献因素从矩形分布转换为标准差当量。我们将它们平方并相加,然后取平方根,就得到了合成的总不确定度(u_t),也就是两个设备的合成不确定度(或合成标准不确定度)。接下来,再乘以2,得到扩展不确定度为0.005 74。这是一个无单位的数字,代表一个相对的不确定度,而不是英里/加仑的不确定度。因此,还需要一步来达到这个目标。但是,如果我们愿意,我们可以用百分数来表示不确定度,即在$k=2$

$$u = \frac{a}{\sqrt{3}} = \frac{4.970 \times 10^{-3}}{\sqrt{3}} = 2.870 \times 10^{-3}$$

单独的贡献因素

$$u = \frac{a}{\sqrt{3}} = \frac{7.057 \times 10^{-5}}{\sqrt{3}} = 4.074 \times 10^{-5}$$

合成不确定度

$$u_{仪器} = \sqrt{(2.870 \times 10^{-3})^2 + (4.074 \times 10^{-5})^2} = 0.002870$$

扩展不确定度

$$U = 2 \times u_{仪器} = 0.00574...$$

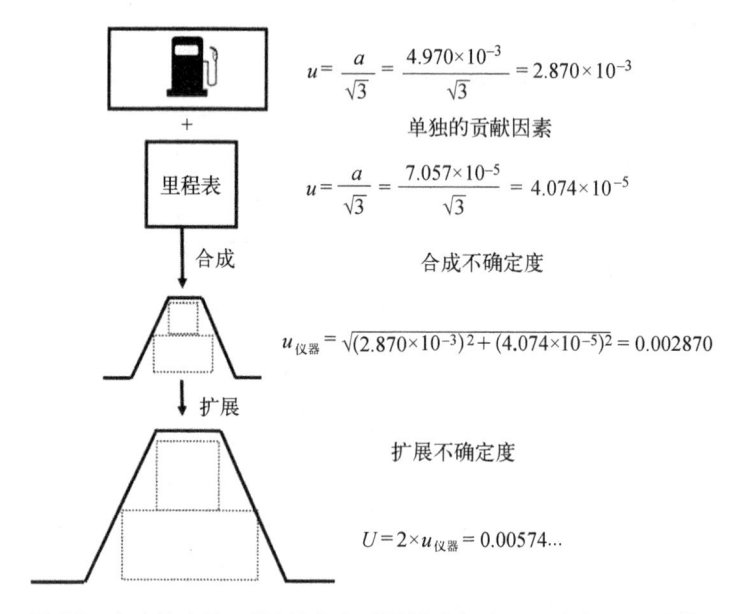

图4.3 在合并之前,对里程表和泵计算出相当于1个标准差的值。合成标准不确定度是两个贡献因素平方和的平方根,它被扩展到包括大约95%的面积。

时,英里/加仑的不确定度为 0.574%。但在大多数法庭测量中,不确定度不是这样报告的;相反,它在报告中通常与测量值具有相同的单位。为此,我们首先需要计算英里/加仑数:

$$英里/加仑 = \frac{283.4 \text{ 英里}}{10.06 \text{ 加仑}} = 28.17_0 \quad (4.3)$$

注意,末尾的 0 是一个下标。我们使用这种约定来表示我们实际上没有舍入这个数字;它仍然在计算器或电子表格中。然而,为了显示中间计算过程的值,通过包含下标,表明至少保留了一个额外的数字,以避免任何舍入造成的误差。在大多数情况下,需要避免舍入直到计算的最后阶段。因此,只有在显示中间过程的值时,我们才需要这种约定。

在图 4.3 所示的计算的最后,我们得到了一个没有单位的值,而不是英里/加仑。我们使用图 4.1 所示的计算方法来清除这些单位,以确保我们可以合并各个贡献因素;再次强调,你不能把英里单位与加仑单位相加。因此,产生的合成标准不确定度的值(平方和的平方根)是相对的,并表示最终英里/加仑值的不确定值小数。我们必须将 28.17 的英里/加仑乘以合成标准不确定度,得到以英里/加仑为单位的不确定度:

$$28.171 \text{ 英里}/加仑 \times 0.002\,87 = 0.080\,8 \text{ 英里}/加仑 \quad (4.4)$$

$$28.171 \text{ 英里}/加仑 \times 2 \times 0.002\,87 = 0.161\,7 \text{ 英里}/加仑\,(k=2) \quad (4.5)$$

$$28.171 \text{ 英里}/加仑 \times 3 \times 0.002\,87 = 0.242\,5 \text{ 英里}/加仑\,(k=3) \quad (4.6)$$

为清楚起见,显示了额外的数字。

最后一步是通过加减 $k=2$ 的值来定义范围,假设我们使用的是 95% 置信水平。这个过程如图 4.4 所示。结合两个矩形分布产生梯形形状。合成标准不确定度(u^2 的平方根)产生了相当于 1 个标准差或大约 68% 的确定性。乘以 $k=2$ 将这个面积扩大到大约 95%,乘以 $k=3$ 则将扩大到大约 99%。一旦完成,然后舍入到正确的有效数字,这里的有效数字是 4(来自泵和里程表的有效数字均为 4)。不要过早舍入是很重要的。使用电子表格,让它在计算序列的最后为你舍入。在这里,最终结果报告为:

$$英里/加仑 = 28.17 \pm 0.161\,7\,(未舍入) \quad (4.7)$$

$$英里/加仑 = 28.17 \pm 0.16\,(舍入) \quad (4.8)$$

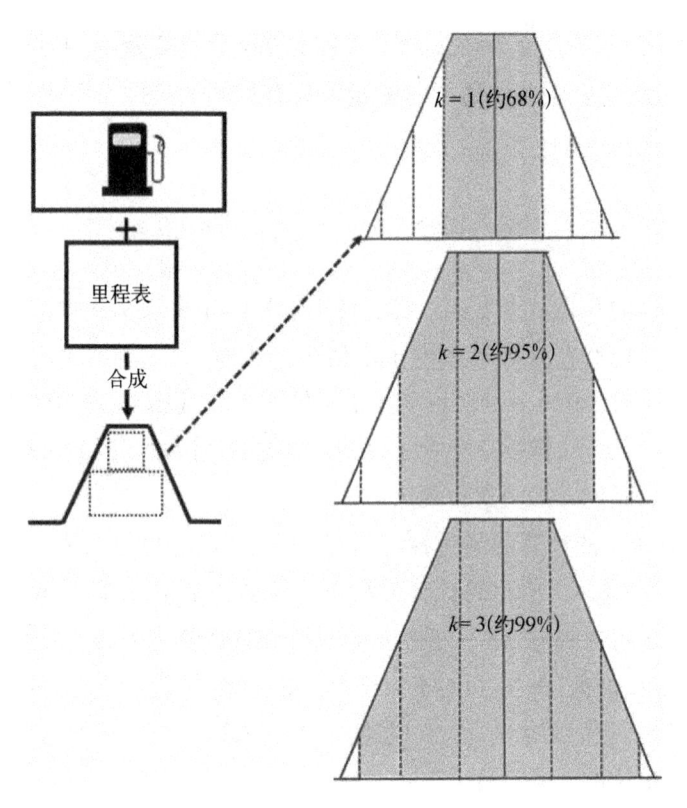

图4.4 扩展合成标准不确定度。

在公式4.8中,我们"舍入到器具的精密度",并故意没有保留规定的四个有效数字。我们在28.17英里/加仑的基础上加减0.1617英里/加仑,就得到了这个范围,但是我们根据器具的测量能力舍入,也就是四位有效数字:

$$英里/加仑低点(95\%) = 28.17 - 0.161\,7 = 28.009\,3 \text{ 英里/加仑} \quad (4.9)$$

$$英里/加仑高点(95\%) = 28.17 + 0.161\,7 = 28.333 \text{ 英里/加仑} \quad (4.10)$$

在这里,你将舍入到小数点后两位,留下28.01~28.33英里/加仑的范围。在报告中,这通常被描述为"28.17±0.16($k=2$,95%)"或类似于实验室程序和政策所规定的内容。这种格式给出了范围及相关的置信水平。

那么这个报告到底是什么意思呢?这意味着如果我们在相同的条件下重复相同的操作,那么100次中有95次我们可以预期结果会落在这个范围内。有5/100(或1/20)次,我们认为它不会落在这个范围内,因为它说明了什么或者没有说明什么很重要。根据我们的不确定度计算,我们不能说我们有95%的把握相信真值在这个范围内。不确定度是一个范围,它本身并不代表准确度。数据的好坏取决于准确度和不确定度,但它们是单独的指标。当我们进入具体的法庭案例时,我们会回到这一点。

4.2.2 《测量不确定度指南》(GUM)

英里/加仑的示例说明了评定不确定度的步骤,该步骤可以用于评定器具和程序导致测量(英里/加仑)过程产生的不确定度。虽然简单,但它利用了《测量不确定度指南》所列的体系与步骤,以及我们将从现在开始在评定不确定度中使用的步骤,这些步骤(图 4.5)如下所示:

1. 确定与测量相关的不确定度因素。
2. 确定(量化)贡献因素的值。
3. 评估每个贡献因素的标准不确定度(u)。
4. 确定合成标准不确定度(U)。
5. 通过应用选定的 k 值来扩展不确定度。

对于英里/加仑的示例,唯一没有应用的步骤是分组,因为我们没有可以合成的因素。我们将在第五章中通过对贡献因素进行分组的示例来说明这种情况。

当转向更复杂的测量程序时,步骤 1 和步骤 2 就会变得更具挑战性且耗时。在英里/加仑的示例中,我们假设加油的过程,包括加油人员的行为,不会导致不确定度。但在法庭测量中,不可能作出这样的假设,我们需要花费比我们的简单示例更多的时间来鉴别和量化贡献因素。

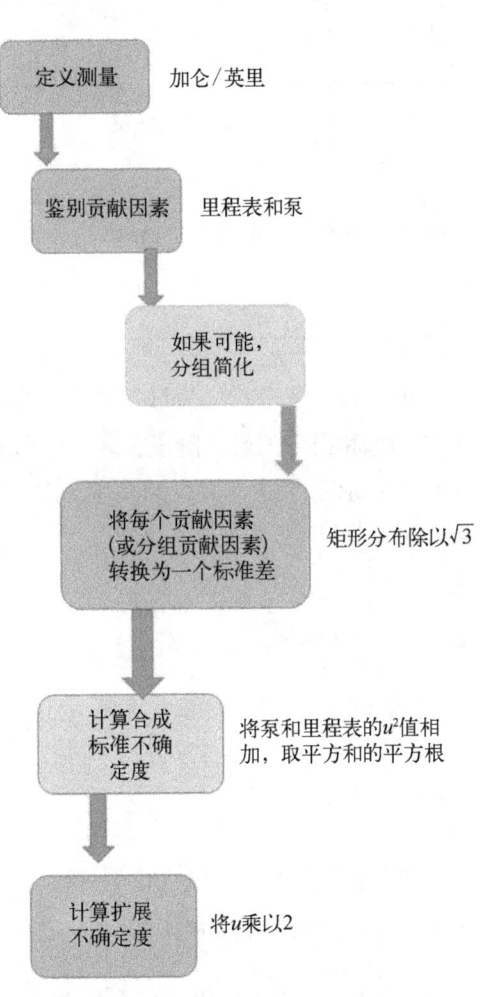

图 4.5 《测量不确定度指南》流程图在英里/加仑示例中的应用。

4.2.3 不确定度评定和相对不确定度

不确定度评定通常使用 Excel 电子表格计算并以不确定度评定的形式呈现。评定没有固定的格式,但都有几个共同的特点。有时不确定度电子表格也被称为 Kragten 电子表格。[8,9] 表 4.1 列出了需要鉴别的不确定度贡献因素及数值和相关单位。其中包括了每个分布的类型,以便清楚地说明如何将贡献因素值转换为标准差当量(u 或标准不确定度)。对于英里/加仑的示例,可以建立如表 4.1 所示的不确定度评定。

表 4.1 简单的不确定度评定

贡献因素	值	单位	数量	分布	除数	u	u^2	贡献百分比
泵	0.05	加仑	4.97×10^{-3}	矩形	1.73	2.87×10^{-3}	8.23×10^{-6}	99.98
里程表	0.02	英里	7.06×10^{-5}	矩形	1.73	4.07×10^{-5}	1.66×10^{-9}	0.02
						合计:	8.24×10^{-6}	
						$u_{合成}$	0.002 9	

电子表格被格式化为每一列显示合理的数字,但这是格式化,不是舍入。数值在计算和报告的最后阶段舍入,而不是在中间阶段。评定从左到右读取,标题按照不确定度评定中采取的步骤设计:鉴别、量化并转换为标准不确定度,如图 4.6 所示。

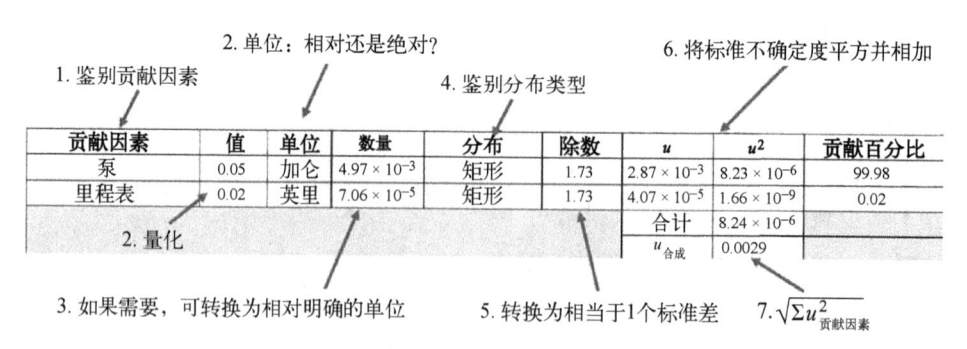

图 4.6 不确定度评定的正确计算步骤(从左到右)。

在我们的评定中,我们将泵作为一个贡献因素,并使用提供的容差(±0.05 加仑)作为初始值。单个贡献因素的值总是正值(0.05),因为这是容差或离散度的绝对值。当我们报告最终的不确定度时,它将是±形式,所以没有信息丢失。我们必须将这个值(0.05加仑)转换为一个相对不确定度,因为贡献因素的单位是不一样的。如果我们不进行这种转换,计算出的合成不确定度单位将是不正确的(和无用的),因为我们的最终结果必须以英里/加仑为单位:

$$u_{合成} = \sqrt{英里^2 + 加仑^2} = ??? \tag{4.11}$$

为了清除单位,我们通过除以总加仑来计算相对不确定度,如图4.3所示,我们可以得到贡献因素的值为4.97×10^{-3},但这是无单位的。我们需要将其转换为标准不确定度。接下来,通过确认泵的容差值为矩形分布,并通过除以$\sqrt{3}$(1.73)得到无单位的2.87×10^{-3}。为了计算合成不确定度,我们需要将该值平方,得8.23×10^{-6},并对里程表遵循相同的程序。将两个值相加得到8.24×10^{-6},并取平方根,得到合成标准不确定度为0.002 9(无单位)。注意,这些值与图4.3中的值相同,在这里舍入显示。在电子表格中,所有的数字都被保留,并在最后舍入。

评定右边的最后一列显示了每个贡献因素在总不确定度中所占的比例。在这种情况下,大部分的不确定度来自泵,而几乎没有来自里程表。为了计算每个贡献因素百分比,将单个u^2值除以总值并乘以100:

$$贡献_{泵} = \frac{8.23 \times 10^{-6}}{8.24 \times 10^{-9}} \times 100 = 99.98\% \tag{4.12}$$

$$贡献_{里程表} = \frac{1.66 \times 10^{-9}}{8.24 \times 10^{-9}} \times 100 = 0.02\% \tag{4.13}$$

这并不是说泵"不好";这只是意味着它是最大的贡献因素。这些贡献因素值在鉴别工具或程序部分时是有用的,可以改进以减少合成不确定度的大小。如果在本例中,我们想要缩小英里/加仑计算不确定度的范围,最好的方法是找到一个容差更小的泵,比如±0.01加仑。购买一个容差更小的里程表是没有意义的,因为它对总不确定度的贡献是微不足道的(但不是零)。

我们是否可以完全忽略里程表的贡献,因为它是如此之小?对于何时可以忽略贡献因素,没有设置规定。我们要排除所有少于1%、5%、30%的贡献因素吗?答案取决于合理、可行以及适用的标准。使用电子表格的方法提供了一个简单的解决方案——让有效数字来处理它。因为我们在最后舍入,有效数字总是会反映相关贡献因素的适当比例。

4.2.4 相对不确定度与绝对不确定度

在后面的章节中,随着我们进入更具体的示例,相对不确定度和绝对不确定度之间的差异将变得明显。为了计算英里/加仑,因为单位不匹配,我们使用了每个贡献因素的相对不确定度。实际上,我们可以确定一个比如里程数或泵送入加仑数的不确定值小数,然后把这些小数加在一起,就得到了估算的总不确定值小数。它也可以通过"每部分"或相对不确定度的概念来理解。在图 4.1 中,泵的容差被转换成泵送入总加仑数的小数,里程表的容差被转换成总英里数的小数。这些值也可以被认为是分数,我们可以强制它们变成"多少分之一"的分数形式:

$$\frac{0.05 \text{ 加仑}}{10.05 \text{ 加仑}} \Rightarrow \frac{\frac{0.05}{0.05} \text{ 加仑}}{\frac{10.06}{0.05} \text{ 加仑}} = \frac{1}{201.2} \approx \frac{1}{200} \tag{4.14}$$

$$\frac{0.02 \text{ 英里}}{283.4 \text{ 英里}} \Rightarrow \frac{\frac{0.02}{0.02} \text{ 英里}}{\frac{283.4}{0.02} \text{ 英里}} = \frac{1}{14\,170} \approx \frac{1}{14\,200} \tag{4.15}$$

与泵相关的分数不确定度约为 1/200,或约 0.5%,与里程表相关的分数不确定度要小得多,约为 1/14 200,或 0.007%。里程表读数的不确定值分数大约要小 1 000 倍(三个数量级)。我们预计对总不确定度的贡献将由泵来主导,正如在不确定度评定中看到的那样。

在使用相对不确定度时,需要记住的重要一点是,合成不确定度的值也是相对的(和无单位的)。要将这个无单位值转换为有单位的值,必须将其乘以被测量的值。这就产生了最终的不确定值小数(一个标准差当量)。然后可以应用 k 系数扩展。在某些情况下,例如砝码的不确定度评定,所有的系数值可能使用相同的单位,例如克,并且可能不需要转换为相对值。在其他情况下,单位可能匹配,但不确定度可能随测量值的变化而变化。例如,可能存在一个称重程序,其中较低重量砝码的不确定度小于较高重量砝码的不确定度。在这种情况下,可能需要计算相对不确定度。重要的是要认识到相对砝码重量和绝对砝码重量之间的区别,知道何时使用哪种砝码,以及如何在这两种情况下应用不确定度。一般来说,如果所有贡献因素都在同一单位,则可以使用绝对不确定度;如果贡献因素的单位不同,则需要相对的不确定度。一个很好的做法就是创建评定时将单位列成一列,以提醒自己这一点,并防止在深入计算并专注于数字而不是单位时忽略单位。

4.3 鉴别贡献因素的工具:密度的测量

当我们进入更复杂的示例时,GUM 过程的第一步,即鉴别贡献因素,将变得更具挑战性。因果关系图(也称为鱼骨图或石川图)是鉴别贡献因素的最佳工具之一。创建图表对于思考和鉴别哪些贡献因素可以分组在一起非常有用。我们将用实验确定液体密度的示例来说明图表是如何形成的。实验基础是已知公式 $d=m/v$,为了说明这个示例,假设这是个一次性实验。采用的方案如图 4.7 所示。这种方法有时被称为"自下而上"法,[10,11]因为我们从器具的基础开始,并从此处开展工作。

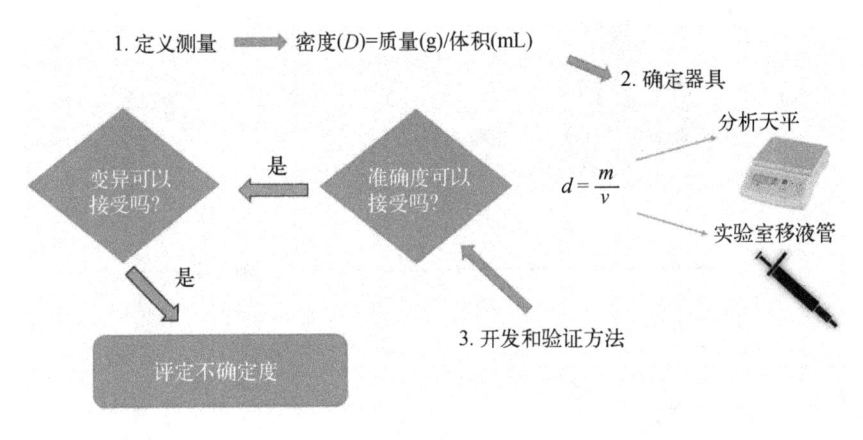

图 4.7 液体密度的测定分析方案。

假设你有一个液体的样本,你要通过实验来确定它的密度。这是个一次性的任务,而不是常规的程序。你有一个天平和移液管可用,两者都是根据制造商的规格校准且正常使用的。样本在冰箱中保存,以防止蒸发。你的方案是使用一个干净的一次性杯子,将它放在天平上,去皮归零,吸 10.00 mL 液体到杯子中,并记录重量。这就是图 4.7 所示的方案。由于你接受过设备使用培训,并且知道该设备可以正常运行,你可以直接对准确度和变异是否可以接受这两个问题回答"是",然后进入不确定度评定。

首先,这看起来很像我们有两个设备的英里/加仑示例,但对于每个设备,我们现在有多个因素可以影响变异和增加不确定度。这就是因果关系图的价值所在。如图4.8所示,我们首先在页面中间画一条线,然后将测量值(密度)在右端标记。沿着这条线,绘制一个与所用工具或器具相关的纵向箭头——为测量提供数据的一切事物。这里我们有两个变量,质量和体积,所以至少有两个相交的箭头。其中,一个表示与 m/v 中与 m 值有关的不确定度贡献因素,另一个表示与 m/v 中 v 值有关的不确定度贡献因素。接下来,画出与这两条纵线相交的线条,以确定是什么导致了特定器具或程序的不确定度。这需要一直持续下去,直到你鉴别了所有可能导致数据产生不确定度(变异/分散性/离散度)的贡献因素。这需要仔细全面地思考;你不能因为某些东西难以测量或者看起来很小而忽略它,因为它只是一个设计和分析阶段,并不是计算阶段。正如我们将看到的,有一些方法可以处理较小的或难以定义的贡献因素,所以现在不应该考虑这个问题。如果你能想到,就去鉴别,并决定如何去解决。

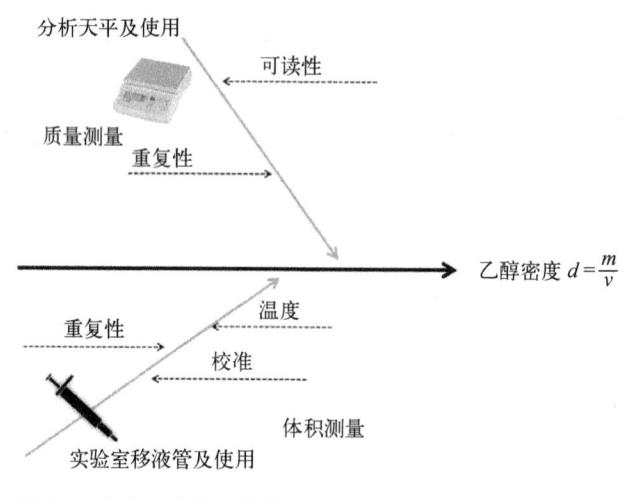

图4.8 密度实验的因果关系图。

在天平中,重复性和可读性被列为影响天平总不确定度的因素。简而言之,可读性是天平如何在最后一个位置舍入,例如显示为±0.001 g。重复性是一个性能指标(表3.4),它衡量在基本相同的时间与条件下一项测量的可重复程度有多高。我们可以在天平上连续放置10次可溯源的砝码,以重复测量的标准差评定重复性。我们将在第六章中深入研究天平,但现在让我们假设这两个贡献因素对于使用该天平进行一次性测量是合理的。

我们用移液管把要称量的液体送到天平上的容器里。在这个过程中,什么会导致使用移液管测量体积的变化?温度会起作用,因为密度是温度的函数。移液管的校准也很重要;我们可以从制造商或最近的校准证书上找到这些信息。此外,我们还需要知道移液管的重复性。

我们现在已经确定了造成不确定度的五个贡献因素,两个来自重量,三个来自体积。其中,温度可以通过确保被测量液体在室温下(程序控制)最小化。在做实验之前,我们会把样品从冰箱里拿出来,让它升至室温。我们已经指定了程序,以最小化所有温度变化对总不确定度的贡献。只要我们快速地进行测量,温度变化和蒸发应该不会对结果的变异有显著影响。但其余四个因素不能使用程序控制来最小化,因此将成为不确定度评定中需要列出的贡献因素。在本例中,假设你拥有每个器具的通用校准证书(来自制造它们的公司或来自校准服务)。设液体经移液后,重量为 7.965 g。不确定度评定将从鉴别因素与指定单位开始(表 4.2)。

表 4.2 贡献因素

因　　素	值	单　位
天平可读性	0.002	g
天平重复性	0.007	g
移液管校准容差	0.8	%
移液管重复性	0.05	mL

我们必须首先计算相对不确定度,因为单位不匹配。我们还必须确定我们体积测量中的 0.8% 表示什么,在这个示例中是 10.00 mL 的 0.8%,或 0.08 mL 的容差。可读性最好被认定为一个矩形分布,因为它是一个不具备预期集中趋势的容差值。移液管的校准也是如此。另外两个因素则是通过重复测量得到的,因此为正态分布,有了这些信息,我们可以开始对不确定度评定进行具体化(表 4.3)。"量化"中列出的值为相对值,与里程表和泵在英里/加仑示例中获得的方式相同。来自重量的贡献相对于获得的重量(本例中为 7.965 g),来自体积的贡献相对于移出的 10.00 mL。注意,移液管的校准容差是以百分比形式提供

的。尽管百分比就是百分数,且已经是相对的,但我们必须把 0.8% 转换为 0.008 (0.8/100),使它变成合适的"多少分之一"的单位。其他相对值的计算方法与我们计算英里/加仑的方法相同:

$$u_{\text{天平可读性}} = \frac{0.002 \text{ g}}{7.965 \text{ g}} = 0.000\ 251 \quad (4.16)$$

$$u_{\text{天平重复性}} = \frac{0.007 \text{ g}}{7.965 \text{ g}} = 0.000\ 879 \quad (4.17)$$

$$u_{\text{移液管重复性}} = \frac{0.05 \text{ mL}}{10.00 \text{ mL}} = 0.005\ 00 \quad (4.18)$$

表 4.3 密度的不确定度评定

因素	值	单位	数量	分布	除数	u	u^2	贡献百分比
天平可读性	0.002	g		矩形	1.73			
天平重复性	0.007	g		正态	1.00			
移液管校准容差	0.8	%		矩形	1.73			
移液管重复性	0.05	mL		正态	1.00	总计:		
						$u_{\text{合成}}$		

所有这些值都是无单位的,并以相对值表示,列入评定的相对不确定度,如图 4.9 所示。

该图复制自 Excel® 工作表,以说明关于不确定度评定的一些额外要点。出于说明的目的,将列中的数字格式化,而考虑有效数字。标题为"除数"这列表示 $\sqrt{3}$ 的值是使用内置公式获得的,而不是输入数字"1.73"。这确保了该数字在最后阶段舍入时不会产生影响。为了便于计算,该示例显示了测量的质量与体积,并将其用于计算。为了方便起见,使用电子表格做尽可能多的工作有助于避免抄写或舍入带来的错误。

由于合成不确定度(四个 u^2 系数值之和的平方根)是无单位且相对的,它必须转换为被测单位 g/mL。这一点很关键,也很容易被忽视;不确定度并不是 0.006 9 g/mL。这是计算密度中不确定的相对部分(小数)。你可以把它看成一个量纲分析问题,但单位必须匹配。合成不确定度计算为 (0.006 865⋯),是没有单位的,但密度不是。因此,需要将相对不确定度转换为绝对不确定度,如

因素	值	单位	数量	分布	除数	u	u^2	贡献百分比
天平可读性	0.002	g	2.51E−04	矩形	1.73	1.45E−04	2.10E−08	0
天平重复性	0.007	g	8.79E−04	正态	1.00	8.79E−04	7.72E−07	2
移液管校准容差	0.8	%	8.00E−03	矩形	1.73	4.62E−03	2.13E−05	45
移液管重复性	0.05	mL	5.00E−03	正态	1.00	5.00E−03	2.50E−05	53
						总合	4.71E−05	100
液体测量重量	7.965	g				$u_{合成}$	6.86E−03	无单位
测量体积	10.00	mL				计算密度	0.7965	g/mL
						相关 u 组合	0.00547	g/mL
						扩展 $k = 2$	0.01094	g/mL
						低密度值	0.7856	g/mL
						密度上限值	0.8074	g/mL

图 4.9 密度测量的不确定度评定。

因素	值	单位	数量	分布	除数	u	u^2	贡献百分比
天平可读性	0.002	g	0.000251	矩形	1.73205	0.000144972	2.10168E-08	0.04
天平重复性	0.007	g	0.000879	正态	1.00000	0.000878845	7.72368E-07	1.64
移液管校准容差	0.8	%	0.008000	矩形	1.73205	0.004618802	2.13333E-05	45.27
移液管重复性	0.05	mL	0.005000	正态	1.00000	0.005000000	2.50000E-05	53.05
					总合		4.71267E-05	100.00
液体测量重量	7.965	g			$u_{合成}$		0.006865	无单位
测量体积	10.00	mL			计算密度		0.79650	g/mL
					d的相对不确定度		0.005467885	g/mL
					扩展 $k=2$		0.01093577	g/mL
					低密度值		0.78556	弧形的 0.7856
					密度上限值		0.80744	0.8074

输入为"$\sqrt{3}$"

上述 u^2 之和的平方根

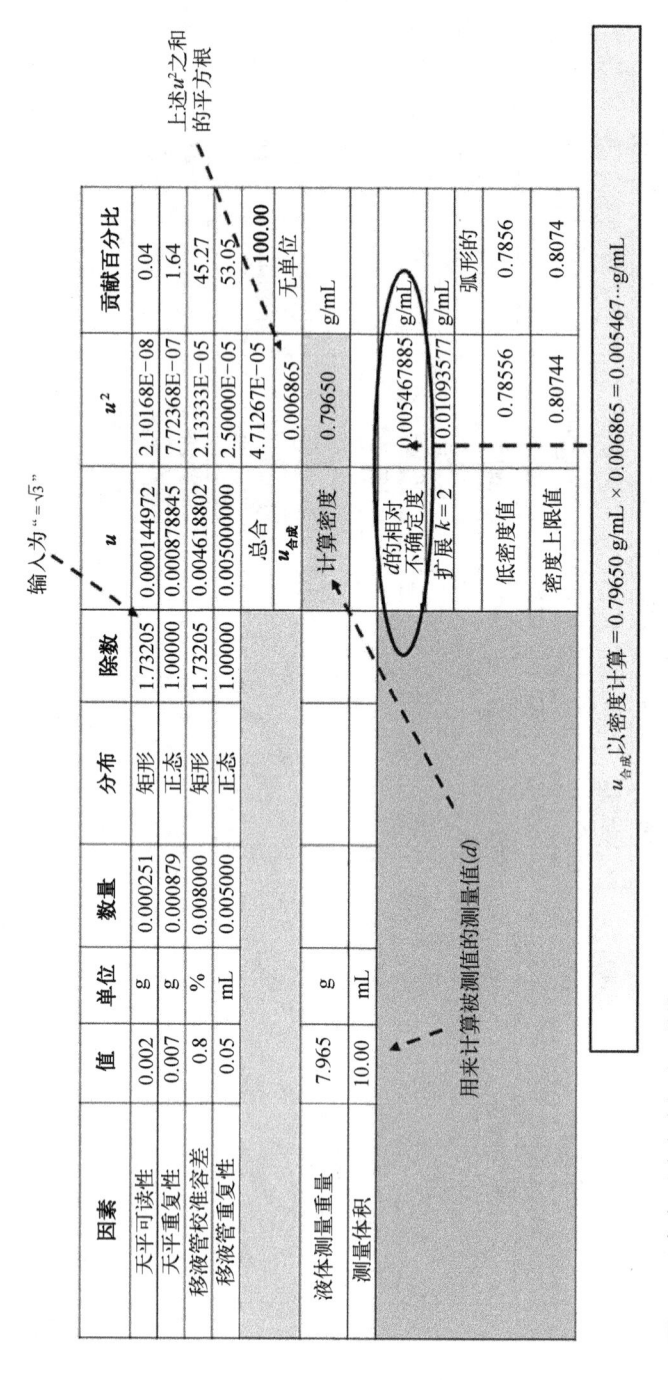

用来计算被测值的量值(d)

$u_{合成}$以密度计算 = 0.79650 g/mL × 0.006865 = 0.005467···g/mL

图4.10 密度不确定度评定（附带注释）。

图4.8所示,乘以测量密度,得到0.005 46…g/mL。这是一个标准差当量,再乘以2,就得到了95%的置信范围的±0.010 9…和以前一样,我们最后进行舍入。对于该测量,结果报告如下:"液体密度为0.796 5 g/mL±0.010 9 g/mL($k=2$, 95%置信度)。"

在此,与天平相关的不确定度(可读性和重复性)比与移液管相关的不确定度要小很多(见贡献百分比)。为了减少不确定度(称为"收紧"它),我们的努力应该集中在移液管上。假设你购买了校准的可溯源移液管,具有更好的性能指标,例如校准容差为0.1%,重复性为0.01 mL。密度的测量值没有改变,但不确定度的范围却从0.010 9 g/mL下降到0.000 9 g/mL(图4.10)。移液管的贡献因素仍然占总不确定度的主导地位,但范围已变得更窄。还要注意的是,在图4.10中,数字显示方式已被更改为显示合理数量的数字。基本数字并没有改变,只是显示的方式改变了。

为了完成这个示例,请回顾一下因果关系图(图4.8)。注意,我们已经处理了所有鉴别出的因素。并不是所有的因素都进入了最终的不确定度评定,但所有的因素都被处理、捕获和量化。总之,要开始因果图,首先要鉴别使用了什么工具或器具。然后决定程序本身是否能保证它自己的箭头,或者它自己是否可以通过与器具的关联来表达。如果测量是一个计算,每个变量将与一个相切的箭头关联(这里,一个表示质量,一个表示体积)。因果法的一个优点是,它将分析过程形式化,并帮助鉴别可能被忽略的贡献因素。在更复杂的测量过程中,因果关系图可以帮助合成因素,并对不确定度评定提出程序化的解决方案。

4.4 总结与概述

本章介绍了GUM中的不确定度评定程序,并将其应用于两个示例。我们看到了如何使用因果法(也称为"自下而上"法)来鉴别贡献因素,以及如何将这些因素合并到电子表格创建的不确定度评定中。我们讨论了相对不确定度和绝对不确定度之间的区别,以及知道它们何时适用的重要性。例如,在量纲分析的背景下,你就可以作出使用相对还是绝对的(即单位必须匹配)决定了。最后,我们看到了电子表格是如何使有效数字的问题变得易于处理——在评定阶段中保持不变,在最后阶段舍入以达到器具的精密度。在第五章中,这将是最后一个涵盖一般事项的章节，我们将看到如何处理更复杂的测量，这些测量是典型的法庭和分析测量，以及当不同人随时间进行定期测量时，如何捕获不确定性。

参考文献

1. BIPM. "International Vocabulary of Metrology: Basic and General Concepts and Associated Terms (VIM)." Paris: Bureau International des Poids et Mesures, 2012.
2. BPIM. "Evaluation of Measurement Data: Guide to the Expression of Uncertainty in Measurement." Paris: Bureau International des Poids et Mesures, 2008.
3. BIPM. "Evaluation of Measurement Data: Supplement 1 to the 'Guide to the Expression of Uncertainty in Measurement': Propagation of Distributions Using a Monte Carlo Method." Paris: Bureau International des Poids et Mesures, 2008.
4. BIPM. "Evaluation of Measurement Data: An Introduction to the 'Guide to the Expression of Uncertainty in Measurement' and Related Documents." Paris: Bureau International des Poids et Mesures, 2009.
5. BIPM. "Evaluation of Measurement Data: Supplement 2 to the 'Guide to the Expression of Uncertainty in Measurement': Extension to Any Number of Output Quantities." Paris: Bureau International des Poids et Mesures, 2011.
6. BPIM. "Evaluation of Measurement Data: The Role of Measurement Uncertainty in Conformity Assessment." Paris: Bureau International des Poids et Mesures, 2012.
7. Eurachem. "Eurachem: Quantifying Uncertainty in Analytical Measurement." Eurachem, 2012.
8. Kragten, J. "Calculating Standard Deviations and Confidence Internvals with a Universally Applicable Spreadsheet Technique." *Analyst* 119, no.10(1994): 2161-65.
9. Ellison, S. L. R. "Implementing Measurement Uncertainty for Analytical Chemistry: The Eurachem Guide for Measurement Uncertainty." *Metrologia* 51, no.4(2014): S199-S205.
10. Ellison, S. L. R., and V. J. Barwick. "Using Validation Data for Iso Measurement Uncertainty Estimation: Part 1. Principles of an Approach Using Cause and Effect Analysis." *Analyst* 123, no.6(1998): 1387-92.
11. Analytical Methods Committee. "Uncertainty of Measurement: Implications of Its Use in Analytical Science." *Analyst* 120, no.9(1995): 2303-8.

第五章

计量保证：
距离、犯罪现场和枪械

如果法庭测量是类似测量密度的一次性事件，那么你已经具备了开发和使用不确定度评定所需的知识。为了扩展到更实际的情况，需要新的工具和概念。在法庭科学实验室进行的测量很少像密度示例那样是一次性的。我们可能需要对一名（或多名）分析员使用一个（或多个）设备或器具在一年中进行的数十次或数百次测量做可靠的不确定度评定。在这种情况下，对每一次测量都进行即时的不确定度评定既不可行也不合适。相反，我们需要建立每次测量时都能适用的不确定度评定。它们之间的方法虽然不同，但概念是相同的。

为了扩展到适用于法庭证据相关的测量，我们既不需要做任何额外的数学或统计学计算，也不涉及不同的分布。真正需要改变的是我们如何使不确定度评定适应测量，这些测量必须随着时间的推移，使用不同的器具并由不同的人进行。捕获这些程序中的不确定度并不像你想象的那么复杂，但它确实需要仔细的方案设计与初步的数据收集，在某些情况下，还需要收集历史数据。这些数据来自旨在获得不确定度贡献因素的实验和程序，这些不确定度贡献因素即使不是不可能，也很难在不确定度评定中使用因果关系来获得。在这里我们将要讨论的是重复测量、历史数据及计量保证标准。

5.1 距离测量

在第四章中，我们创建了简单的因果关系示意图，并使用它们在不确定度评定中创建线性关系。我们假设一个人正在进行一次测量以得到密度值，并假设该程序对不确定度没有显著贡献。开发和使用的规范是有效的，但应用是有限的，现在我们进入到开发、验证和应用程序随时间推移来产生测量值的情况。这些测量可能使用几种类型的器具或设备,并且由一个以上的人在很长一段时间内进行。对于这些程序,因果关系图将从图5.1所示的基础开始。

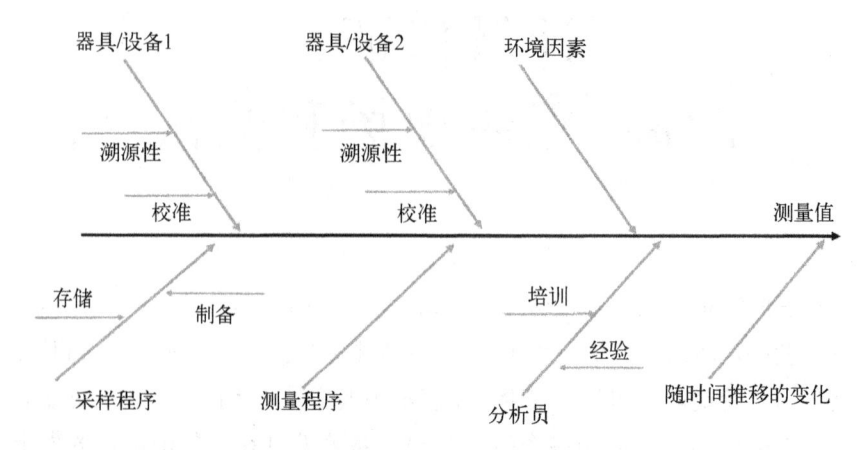

图5.1 扩展性的因果关系图,反映了多名分析人员随时间推移执行的常规测量。

正如我们在密度示例中看到的,每一个设备或器具都会导致不确定度,每一个器具可能与很多因素有关。样本如何收集、储存和制备也起着作用,随着时间的推移,它们会不可避免地发生变化,而且很难单独具体地识别,但它们确实存在,我们需要捕获它们。如果要求在一年以上的时间内每周都执行在第四章中讨论的密度测量,你不会每次都得到相同的测量值,更不会对得到相同的值产生预期。因为随着时间的推移,变化是不可避免的,即使变化的具体来源难以确定。

例如,在密度示例中,我们从程序上最小化了温度变化对不确定度的贡献。样本必须从冰箱中取出,加热到室温,并且这个过程必须足够快地完成,以尽量减少任何温度变化的影响。如果你需要连续一年每周测量密度,这种方法是行不通的,因为实验室里的温度会发生变化,并导致测量变异。尽管变化可能很小,其对变异的贡献也会很小,但它确实会导致变异。这是正常的,只要不确定度评定捕获到这些预期变异的程度,它们都不是问题。幸运的是,只要提前规划,有一些简单的方法可以做到这一点。

在下一个示例中,我们可以引入一个法医学场景,该场景依赖于一个简单的测量,但它是由不同的人在一系列条件下随时间推移进行的测量。犯罪现场调查人员经常需要测量距离,有些距离长到需要使用轮式测量设备。例如,调查汽车事故需要测量刹车痕迹,刹车痕迹的长度对评定速度很重要。这个距离通常

第五章 计量保证：距离、犯罪现场和枪械

是测量员用轮式设备或测距轮测量的（图 5.2），因为在这种情况下使用卷尺是不切实际的。轮式设备的工作原理很简单——轮式设备的周长是已知的，轮式设备行驶的距离与滚动时的周长成正比。因为轮式设备可以测量长度，所以可以获得一个可溯源到美国 NIST 标准长度测量的轮式设备，就像通过可溯源的标准砝码来获得可溯源至 NIST 的天平一样。

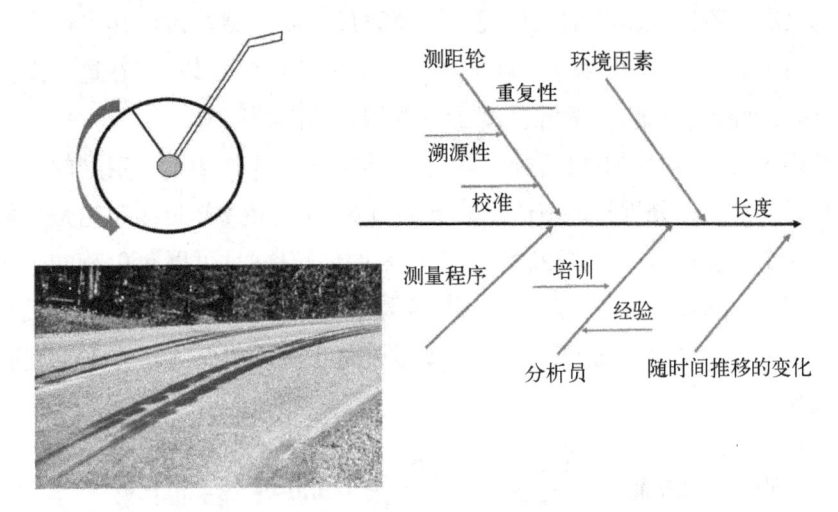

图 5.2 刹车痕迹测量的因果关系。

在这个示例中，假设一个犯罪现场响应小组购买了一个可溯源的测距轮，并将其保存在该小组的交通工具上。响应小组由五个人组成，他们中的任何一个人都需要使用该设备来测量现场的距离，比如刹车痕迹。使用可溯源设备是确保可接受准确度的关键步骤，但是对评定的不确定度呢？记住，不确定度是关于变异性的，它表示结果的范围。购买最昂贵的可溯源测距轮并不会减少这类应用的不确定度。与往常一样，我们的目标是鉴别因素，尽可能通过培训和程序来最小化，并对其余的因素进行评定。此外，我们希望将该评定用于每个人对测距轮的任何一次使用。

因果关系图是一个很好的起点，图 5.2 中显示了其中的要点，它考虑到了图 5.1 中各个方面的程序要点。这只涉及一个器具，我们确定的可能导致与测距轮相关不确定度的关键因素是容差（长度上的认证±值）、校准（如何校准和偏差的贡献）和重复性（如果一个人连续 10 次测量同一条线，变异如何？）。请注意，重复性是指具有指定起点与终点的直线，而不是刹车痕迹或其他难以确定确切起点和终点的犯罪现场情况。我们将根据程序处理这一问题。

继续从图示方向往右,我们要确定的下一个因素是模糊的"环境因素"。这是指由天气或其他条件引起的变化。例如,测量可能从寒冷的日子到炎热的日子,或从潮湿的路面到干燥的路面,或从白天到夜晚在有限的照明下,测量结果可能都会有所不同。结冰的表面呢? 即使我们可以预测并指定其中许多因素(如炎热的天气),但有的因素更难预测。这样的例子不胜枚举。在这一点上可以说,毫无疑问,不仅是环境因素,甚至人为因素都需要考虑。

在因果关系图的左下角,我们下一步确定测量程序作为不确定度的一个可能贡献因素。为了分析和识别这里的贡献因素,我们必须知道测距轮是如何工作的。这个概念很简单。测距轮有一个已知的周长,并且可以360°旋转。当你走路时,测距轮会旋转,并通过将旋转角度与周长联系起来记录距离。假设测距轮的周长为24.0英寸。如果测距轮转动了整整2圈再加上额外的30°,则测量的距离是

$$距离 = 2.0 \text{ 圈} \times \frac{24.0 \text{ 英寸}}{\text{圈}} + \frac{30.0°}{360.0°} \times 24.0 \text{ 英寸} = 50.0 \text{ 英寸} \quad (5.1)$$

思考一下这种操作规范中什么会对变异产生贡献? 一个因素是开始测量时轮的位置(图5.3)。在不同分析员和不同测量之间,摆放会不可避免地有一些变化。正确的测距轮使用训练可以使这种贡献因素最小化,但它还是会存在。其他原因可能包含在粗糙的表面上进行滚压、每次都没有以相同的方式追踪刹车痕迹,以及没有平稳且连续的滚动。

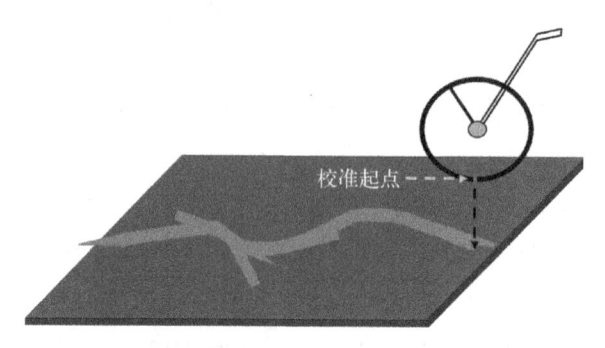

图5.3 测距轮的摆放会导致变异,包括测距轮如何正确对齐及如何评判刹车痕迹的起点。

此外,因为我们有5个分析员使用同一个测距轮,个体的差异性也会增加不确定度。我们可以鉴别出造成这种变异的原因是训练和经验的差异,但即使这5个人都受过良好的训练,并且具有良好的经验,他们使用测距轮的方式仍然会存在差异性。这是正常、合理、符合预期的,只要我们解释这些变异,并把它们表达为不确定度评定的一部分,就完全没问题。最后,我们鉴别了随时间推移的变化也是不确定度的贡献因素。这可能是测距轮磨损导致的滚压问题,以及校准从初始校准状态缓慢漂移。这些因素的分析汇总如图5.4所示。

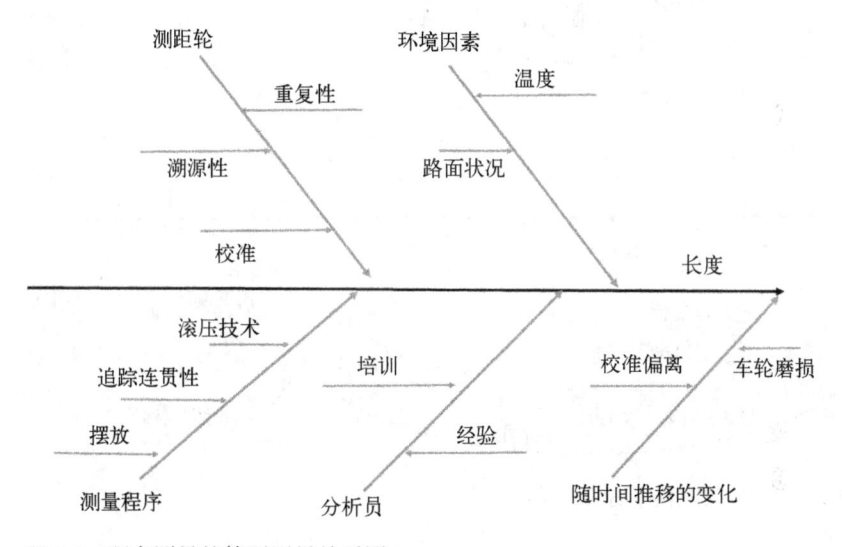

图5.4 距离测量的简要因果关系图。

在这一点上,可以有理由相信,我们已经自下而上地确定了这5位分析员所做的所有距离测量的不确定度贡献因素。假设实验室购买了一个测距轮,用于校准及确保NIST的溯源性。供应商的校准证书上注明该设备在超过50英尺(1英尺=0.3048米)时的容差为±0.5英寸。在理想条件下,这是最佳的测量,实验室认为这种准确度是合理、可行、适用的,并对程序进行了验证,用该设备进行距离测量。

该过程的下一步是通过实施程序控制来解决所有不确定度的来源。在密度示例中,我们指定液体在测量前必须处于室温,以减少温度变化对不确定度的贡献。那么在本例中需要做什么? 这将比你想象得要多。

图5.5显示了可以通过程序来处理的贡献因素。考虑到测距轮会随时间推

移产生变化，我们不能阻止这种情况的发生，但我们可以确保贡献因素最小化。最简单的方法是根据供应商的建议或实验室的协议来执行重新校准计划，可能是每一年一次或每半年一次。另一种方法是通过确定重复性（表 3.4）来检验测距轮的性能，这会提供确保校准仍然有效的所需数据。我们将很快对该方法进行讨论。无论选择哪种方法，测距轮的准确度和容差都有文件证明与支持。

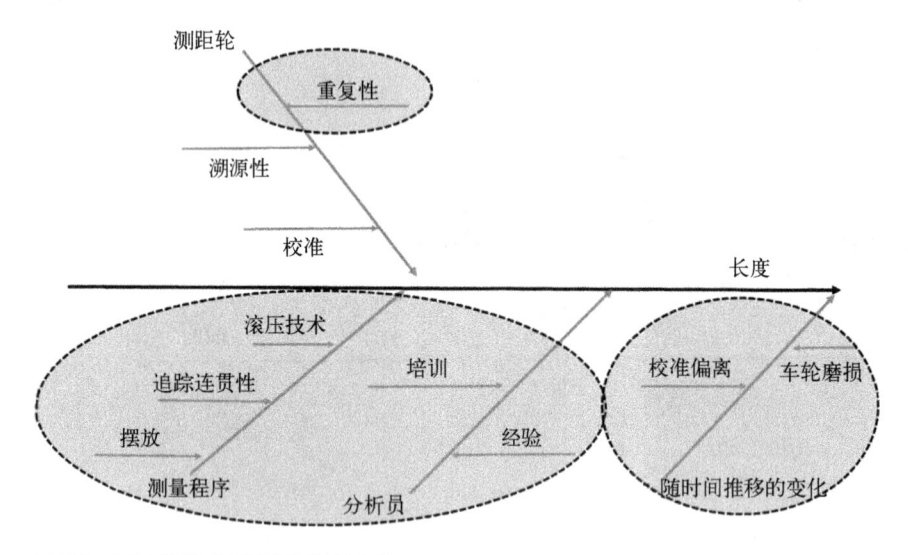

图 5.5 通过协议或程序捕获的因素。

接下来，我们可以通过制定标准操作规程，并培训每个人员如何使用测距轮，包括如何确保正确定位和归零，来处理分析员和程序对不确定度的部分贡献。这些步骤不会消除变异，但只要每个人都遵循标准操作规程，变异就会被最小化。最后，重复性则可以通过实验来解决。回想一下，重复性被定义为在同一时间相同条件下测量的变异，所以所需要的是一个受过训练且经验丰富的人员，连续 10 次测量一组距离，这组重复测量的变异就是重复性。

最后一个步骤可以稍加修改，以同时实现两个目标：评定重复性和检查测距轮校准，以确保它仍然在认证的校准规格内。假设在停车场放置一个可溯源的卷尺，例如，将其设置为 50.0 英尺。执行重复测量的人员对其快速连续地测量了相同距离 10 次并记录了数据，如表 5.1 所示。

第五章 计量保证：距离、犯罪现场和枪械

表 5.1 重复性检验数据

	英尺	英寸
可接受真值	50.0	600.0
试验数据		
测试 1	50.00	600.0
测试 2	49.94	599.3
测试 3	50.00	600.0
测试 4	50.00	600.0
测试 5	49.93	599.1
测试 6	50.02	600.2
测试 7	50.10	601.2
测试 8	50.00	600.0
测试 9	50.04	600.5
测试 10	49.90	598.8
平均值	49.99	599.9
s(样本)		0.70
偏差(英寸)		−0.01

这些数据可以用来检测重复性，以用于不确定度计算或评定。其次，这些数据为测距轮的性能提供了检验，我们可以称之为校准检查。根据这里收集的数据，测距轮表现出在 50.0 英尺内认证的 ±0.5 英寸容差，因为偏差的计算为 −0.01 英寸。因此，只要定期进行这种常规基础检查，实验室就可以确信测距轮校准是有效的。如果某天进行检验，偏差超过 1 英寸，那么测距轮就必须停止使用并重新校准。直到具体容差为 ±0.5 英寸时，才是可信的。

那么什么是常规基础检查？这个问题没有固定的答案，但有很多方法可以解决。当测距轮是崭新的时候，检验应该做得更频繁，也许是一个月一次。随着这种趋势的持续，大量的历史数据将被积累起来。在许多不确定度评定中，历史值是宝贵的信息来源。例如，在这里，实验室可能每月进行一次测量，并发现测量偏差从未接近 ±0.5 英寸的偏差。在此基础上，可以选择每三个月进行一次检验，之后每六个月进行一次检验。另一种选择是按照供应商的建议重新校准测距轮，即使没有超出校准的范围。无论作何选择，关键是基于数据和信息，而不是直觉或猜测。

在这一点上，我们已经通过了方法开发、验证和程序控制来解决测距轮测量距离的不确定度贡献因素。回顾图 5.5 可以看到，尽管我们取得了进展，但仍然有许多我们已经鉴别但尚未量化的变异来源。虽然标准操作规程和培训将分析人员之间的差异性降到最低,但仍然会产生不确定度,现场使用的过程中也是如此。即使在认证的容差范围内,校准仍会偏离。图5.2展示了一个真正的刹车痕迹,起点和终点并不明确,我们可以从测距轮的摆放和追踪技术预期变异性。测距轮的性能随着时间的推移不可避免地会发生变化,即使我们不能鉴别出每一个具体的原因。我们已经通过自下而上法尽力鉴别了各种可能性,却发现自己陷入了僵局。为了评定不确定度,我们必须鉴别贡献因素,并量化评定它们,但我们如何捕获所有这些无形的因素并用数字表示它们呢?

错误的答案是耸耸肩,认为这些因素并不重要,因为测量的距离如此之大,而这些变异的来源可能很小。此外,如果刹车痕迹是110.2英尺或111.1英尺,会有什么区别?如果汽车距离身体50.1英尺或50.4英尺?无论如何来看,这种逻辑都是有缺陷的。首先,任何测量都有不确定度,数据的如实报告需要不确定度的如实报告。其次,不确定度的大小无关紧要,重要的是它必须被计算与报告。再次,在犯罪现场,没有办法预测哪些测量"重要",哪些不重要。所有的测量都应该同样保守和完整地进行,因为其中任何一个都可能对案件至关重要,而且这样做是正确的。这是因为无论不确定度是大是小,是关键还是无关紧要,测量报告的接收方都有权知道不确定度,并确信该不确定度得到可靠的评定。从这个意义上说,这类似于病人有权知道体检报告的全部细节,无论执业医师是否认为该报告的某些方面是否重要。法庭数据十分重要,获取和报告时必须考虑到这一事实。最后,有一个相对简单的方法来解决从多个因素(无论它们是否可鉴别)捕获不确定度的问题。

5.2 不确定度捕获

在一系列情况下(随着时间的推移、多名分析员等)捕获不确定度最简单有效的方法之一就是通过对一个样本重复测量来模拟真实(类似案例)样本,这类似于分析员在现场实际测量的内容,也类似于用于不确定度评定的内容。这样的样本可以监测方法在实际条件下的表现,有时被称为测量保证样本(measurement assurance sample,MAS)[1],但基于表3.4的定义与图3.12所示的方案,我们也可以称其为整个方法研究[2]或某种形式的复现性/重现性样本[3]。在

第五章 计量保证：距离、犯罪现场和枪械　　81

这里，我们将使用术语测量保证样本来指代一个或多个用于捕获随时间推移和其他因素变化的样本。

表5.1中收集和列出的重复性数据很重要，但这些数据的变异预计要比真正的刹车痕迹小。换句话说，这种重复性是变异的最佳情况：同一个人在相同的控制条件下，在同一时间对一个简单的样本进行重复测量。如图3.12所示，它有望表示出与给定测量相关的最小变异。如果我们将相同的测量附加随时间推移、不同的分析人员及条件(复现性)，变异必然会增加。然而，如果只考虑重复性，不确定度的贡献因素则可能会被低估或遗漏。

在这个测距轮的示例中，一个合理的测量保证样本是在类似于犯罪现场的条件下采取的距离测量。例如，实验室可以设置模拟场景进行演练，如图5.6所示。5名分析员被要求测量停车场中的面包车后轮到移动起点的距离。记住，距离是多少对这个演练并不重要，我们的目标是在实际测量条件下捕获数据的正常变异/离散度/分散性。随着时间推移，为了获得合理的可能条件子集，可以要求分析员在超过一个工作周的时间内每天进行一次测量，包括在夜间与恶劣天气环境下。分析员之间不能分享信息或比较结果，因为这不是重点。这个演练并不是专业能力测试，它只是一个数据收集实验，以捕获在实际条件下的变异。

图5.6 用于随时间推移进行重现性检验的程序。要求分析人员使用测距轮测量停车场中一辆汽车(左)到面包车后轮的距离。

在演练结束时,我们得到一个数据集,其中包括50个距离值(2次测量/天×5天×5名分析员)。如果我们计算了这些值的标准差,那么这个离散度"捕获"了什么?请看图5.7中的因果关系图。我们的测量要求分析人员在碎石、草地、路沿和沥青上滚动测距轮,因此我们已经掌握了路面的状况。由于测量是在一个星期内完成的,并且在白天和晚上都有进行,所以我们已经捕获了环境因素。我们还捕获了由于测量程序差异而产生的变异,并捕获了作为分析人员工作的变异。由于测量是随着时间的推移而进行的,我们在其中捕获了一些变异,并且对于其余的因素,我们也有方法来评定。实际上,我们已经做了复现性试验(表3.4)。表5.2显示了在这种情况下可能获得的50个假设测量的汇总统计数据。在不确定度评定中的值以英寸为单位,但以英尺也可以。

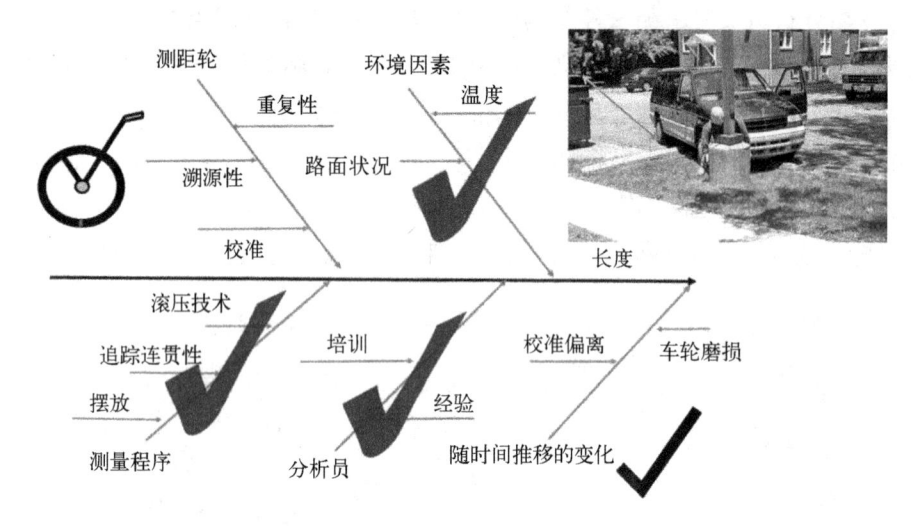

图 5.7 使用测量保证样本数据捕获的贡献因素。

表 5.2 5 名分析员的测量保证样本数据汇总统计

判　断　标　准	值
平均值(50),$\bar{X}$	1 154.25 英寸(96 英尺,2.5 英尺)
标准偏差(样本),s	14.97 英寸
相对标准差(%)	1.3%

相对标准差告诉我们,即使在户外进行类似于在犯罪现场进行的测量,总体上的变异也非常小(<2%)。分析员必须对所有数据进行一些幕后分析,以确保

所有数据的表现能够与第三章中描述的可溯源砝码(表3.3)相比较,但现在假设数据可以被合并,并且该标准偏差(s)可以合理可信地表达户外场景中使用测距轮测量的预期变异。通过一个测量保证标准,我们已经获得了许多变异的来源(随着时间推移的变化、分析员的差异等)。为了完成不确定度评定,我们必须继续鉴别在该演练中哪些贡献因素没有被捕获(图5.7)。

我们没有在这个演练中捕获溯源性(容差)或重复性,但这是可以解决的,因为在前面的部分(表5.1)中,我们描述了一种方法,通过一个人在室内测量一段公认的真实距离(可溯源的卷尺)来捕获这些值。我们进一步决定随着时间推移进行这种测量,以检验并确保测距轮的校准仍然有效,测距轮磨损不是问题。当该过程与测量保证标准的结果相结合时,我们就完成了一项合理、可行、适用的工作,以捕获不确定度。我们将按照表5.3设置评定。

表5.3 初步的不确定度评定

因 素	值	单 位	数 量
测量保证样本	14.97	英寸	?
重复性	0.7	英寸	?
容差	0.5英寸/50英尺=0.5英寸/600英寸	英寸	?

我们还有一个关于单位的问题。注意,容差是以每50英尺0.5英寸的相对值给出的。其他两个值在不考虑距离的情况下是以英寸为单位的。这个问题是可以解决的,但是必须作出决定并记录在案。要么所有的值都必须是相对的(不考虑容差的单位),要么所有的单位都必须以英寸(绝对)表示。要意识到,这里没有"对"或"错",只有需要考虑的选项。

5.2.1 方法1:绝对单位制,最保守

要使用英寸作为单位,容差也必须用英寸表示。为此,必须选择一个距离,以便计算英寸的不确定度。根据校准证书,我们知道50英尺处的容差为±0.5英寸,但我们也知道在很多场景中的测量距离均大于50英尺。那么应该使用什么距离? 在法庭应用中,对不确定度的高估总是比低估好。保守的选择会导致高估的概率很大,而低估的概率很小。对于该示例,保守的选择是计算测距轮曾经用来测量的最长距离的容差。我们可以对分析员进行调查咨询,询问他们根

据自身的经验,可以测量或预期测量的最远距离是多少。这是一种保守的方法,大多数测量值都会小于这个数字,但通过选择最大值,可以确信我们永远不会低估不确定度。假设距离是 1 000 英尺。容差,以英寸为单位,将计算为

$$1\,000\text{ 英尺处容差} = \frac{1\,000 \text{ 英尺}}{\frac{50 \text{ 英尺}}{0.5 \text{ 英寸}}} = 10 \text{ 英寸} \tag{5.2}$$

修改后的评定(表 5.4)可以使用英寸作为绝对单位。

数据表明,重复性的贡献是远小于 1%,当任何距离测量四舍五入到车轮的精度时,重复性贡献就会消失。实验室可以为在不确定度中省略该值进行辩护,因为这个决定是有数据和文件支持的。如果采取这一步,现在的评定(表 5.5)会为两行。

表 5.4　修改的不确定度评定

因　素	值	单位	分布	除数	u	u^2	贡献百分比
测量保证样本	14.97	英寸	正态	1	14.97	224.1	86.9
重复性	0.7	英寸	正态	1	0.7	0.49	0.2
容差(最保守)	10	英寸	矩形	1.73	5.77	33.33	12.9
					合计:	257.92	
					$u_{合成}$	16.1	
					扩展 $k=2$	32.2	

表 5.5　最终的不确定度评定

因　素	值	单位	分布	除数	u	u^2	贡献百分比
测量保证样本	14.97	英寸	正态	1	14.97	224.1	86.9
容差(最保守)	10	英寸	矩形	1.73	5.77	33.33	12.9
					合计:	257.43	
					$u_{合成}$	16.0	
					扩展 $k=2$	32.0	

英尺的不确定度为 2.7,置信度为 95%,适用于任何分析员和任何场景的任何测量,无论白天或夜晚,并且距离可达 1 000 英尺。

5.2.2 方法2：相对值

使用上述绝对值方法的优点是，对于在一系列天气和地面条件下的真实场景中工作的5名分析人员中的任何一位在超过1 000英尺距离的测量中，不确定度均为±32英寸。假设测距轮在现场使用，测量的距离是100.0英尺。使用绝对单位法，结果报告为100英尺±32英寸（95%的置信水平），其中，32英寸代表测量距离的2.7%，而对于1 000英尺（最大）的测量距离，32英寸不到1%。因此，实验室可能需要决定改用相对方法。要做到这一点，用英寸表示的绝对值（重复性和测量保证样本的测量）必须用相对术语表示，就像我们在第四章的里程表示例中所做的那样。这并不难实现，因为我们知道测量保证样本和容差数据是如何获得的，以及重复性和容差值（表5.1）是如何获得的。相对单位容差为1.0英寸/50.0英寸，或0.020 0。重复性计算为

$$u_{重复性} = \frac{0.70 \text{英寸}}{599.9 \text{英寸}} = 0.001\ 17 \tag{5.3}$$

采用同样的方法，测量保证样本（表5.2）的不确定度计算为

$$u_{测量保证样本} = \frac{14.97 \text{英寸}}{1\ 154.25 \text{英寸}} = 0.012\ 97 \tag{5.4}$$

然后将其插入评定（表5.6）。

表5.6 相对不确定度评定

因素	值	单位	相对值	分布	除数	u	u^2	贡献百分比
测量保证样本	14.97	英寸	0.012 97	正态	1	0.012 97	1.68×10^{-4}	98.4
重复性	0.7	英寸	0.001 17	正态	1	0.001 17	1.37×10^{-6}	0.8
容差	10	英寸	0.02	矩形	1.73	0.001 15	1.33×10^{-6}	0.8
					合计：		1.71×10^{-4}	
					$u_{合成}$		0.013	
					扩展	$k=2$	0.026	

合成不确定度是相对的，所以这必须适用于在现场测量的任何距离。假设测量了375.3英尺的距离。不确定度计算为

$$U_{k=2,95\%} = 373.5 \text{ 英尺} \times 0.026 = 9.8 \text{ 英尺} \quad (5.5)$$

这相当于 2.6%。使用相对法的优点是,任何距离的不确定度均为 2.6%,无论是 50 英尺(±1.3 英尺)或高达 1 000 英尺(26 英尺)。

正如预期的那样,测量保证贡献者远远优于其他两个贡献因素。这表明测量保证样本实际上反映的是实际现场条件下预期的不确定性,而不是相对简单和可控的条件下的不确定性。这是由数据和合理实践支持的实际真实报告。通过使用可溯源测距轮和前面描述的校准测试程序(表 5.1)来解决准确度问题。数据的预期离散度是由不确定度描述的,我们不能因为离散度"看起来太大"而阻止或忽视这一点。如果测量保证程序设计得当,那么这就是我们可以提供的最好的不确定度评定,它可以长期应用于实际条件下的所有分析人员。这个范围很大,因为它意味着适用于任何存在的条件。在该示例中,我们有 5 名分析人员和随时间推移的条件。因此,通过该程序捕捉到的变异越多,变异就会变得越大。因此,如果我们的测量保证样本和场景是合理、可行且适用的;测距轮符合校准规格;分析人员经过培训,表现良好,那么不确定度评定本身就是合理、可行且适用的。

5.3 枪械测量

法庭实验室通常也会接到测量枪械和枪管长度的任务。这个程序很简单,并在烟草、酒精、枪械和爆炸物管理局(the Bureau of Alcohol, Tobacco, Firearms, and Explosives, ATF)[4]及枪械和工具痕迹科学工作组(the Scientific Working Group for Firearms and Toolmarks, SWGGUN, www.SWGGUN.org)的出版物中进行了解释。与任何法庭定量测量一样,不确定度的评定必须与测量长度一起提供。测量程序很简单,并且由于可溯源的长度测量工具很容易获得,因此可以确保测量的准确度。在这个简单的示例中(类似于第二章中描述的硬币直径),导致测量结果变化的最重要因素通常是枪械本身。幸运的是,有一种方法可以开发出一种简单、可靠、广泛适用的不确定度评定方法,并且可以应用到每天需要测量的每一种枪械上。类似地,我们再一次将目光转向测量保证方案。

让我们先来测量枪管的长度,无论哪种武器,都要从枪管的枪口面一直测量

第五章 计量保证：距离、犯罪现场和枪械

到枪管的末端。ATF 与 SWGGUN 的文件描述了如何根据武器类型完成这一操作。在本示例中，假设任务是测量猎枪的枪管长度，如图 5.8 所示。如果测量长度小于 18 英寸，那么该武器受美国《国家枪械法》管制，因此长度具有法律后果。要测量枪管，SWGGUN 指定要使用 NIST 的可溯源设备插入枪管进行测量，并读取与枪管本身平行的数据。使用 NIST 的可溯源设备可以解决准确度和溯源性的问题，但程序和样本（即枪械）仍然会产生不确定度。

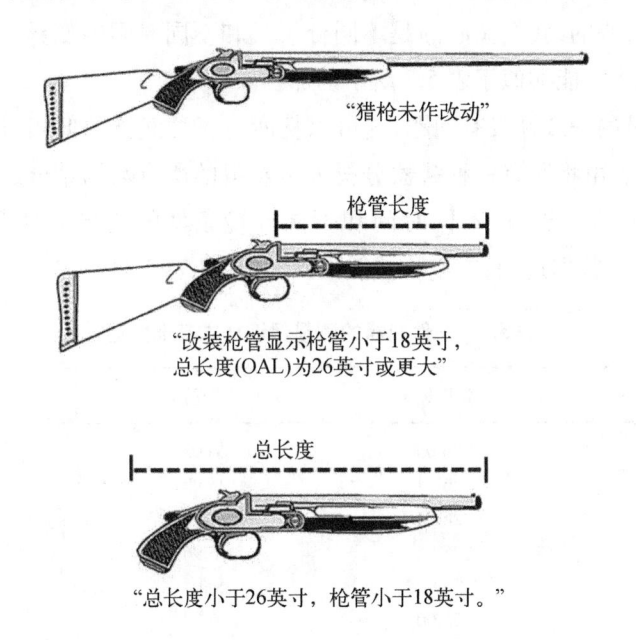

"猎枪未作改动"

枪管长度

"改装枪管显示枪管小于18英寸，
总长度(OAL)为26英寸或更大"

总长度

"总长度小于26英寸，枪管小于18英寸。"

图 5.8 美国《国家枪械法》中的枪管尺寸。

第一步是确定不确定度评定的范围。假设枪械测量组由三名分析员组成，他们将使用一个可溯源的测量装置，其认证容差值为 ±1/32 英寸（0.062 5 英寸）。实验室希望创建一个不确定度评定，用于所有三名分析人员对任一猎枪的测量。那么除了容差之外，还有什么会贡献不确定度？这里包括分析人员读取测量装置的微小差异、与平行有关的轻微变异、武器的状况、枪管末端不均匀等。这些都是我们可以通过使用测量保证样本法获取的因素。

毫无疑问，枪械测量组的证物室里会储存许多来自之前案件的猎枪。因此，对这些枪管进行测量是当前情况下评定测量不确定度的理想方法。这些枪管的长度无关紧要，我们需要的是从它们那里得到三名分析员测量值的预期离散度。在该示例中，假设这个单位有 5 把猎枪，其中 2 把的枪管已经锯掉了，3 把还没有锯掉。评定的范围是三名分析员,所以三名分析员必须对这五种武器进行评估。此外,我们需要捕获环境因素(温度)或其他随时间推移的变化。考虑到这一点,该部分可以通过让每名分析员连续两周每天对枪管测量一次来轻松建立变异。就像前一节中描述的模拟犯罪现场距离一样,分析人员之间不能比较结果或争取相同的答案,因为这不是重点。数据收集并不是业务能力测试——它主要是为了捕获随着时间推移的复现性和预期变异,而不是准确度。实际长度并不是我们关心的,我们关心的是不同分析员和不同时间的变异。对于其中一个猎枪,数据集可能类似于表5.7所示的那样。

分析人员的一致性没有问题,这可以从所有三种武器的低相对标准差得到证明,所以有理由将所有三种武器分析人员获得的所有数据结合起来。这将允许我们捕获不同分析员、不同时间和不同环境条件的变异。对于本例,假设表5.7中的汇总数据适用,它们将被插入到评定中(表5.8)。

表5.7 一件武器的测量保证样本基准数据

天	分析员1	分析员2	分析员3
1	26.05	26.03	26.01
2	26.04	25.99	26.04
3	26.04	25.99	25.95
4	26.05	25.96	26.03
5	25.96	26.04	25.96
6	26.00	25.97	26.03
7	26.00	26.04	25.96
8	26.00	25.95	26.05
9	26.02	26.03	26.00
10	26.01	25.98	25.99
平均值	26.02	26.00	26.00
s(样本)	0.03	0.03	0.04
相对标准差(%)	0.11	0.13	0.14

表5.8 测量保证样本计算结果

	武器1 不变	武器2 不变	武器3 不变	武器4 锯短	武器5 锯短
平均值	26.01	19.98	28.03	15.25	11.67
s(样本)	0.033	0.022	0.023	0.051	0.040
相对标准差(%)	0.13	0.11	0.08	0.33	0.34

枪管锯断的枪相比没有改变的枪变异要大一些,这并不奇怪,因为切割可能不均匀,判断枪管的末端会导致一些分散的结果。即使考虑到这一点,所有武器的相对标准差仍然小于1%,这表明所有分析人员都使用相同的技术进行测量,并且确实存在很小的变异,但并不是零。

从这些信息到不确定度评定,我们需要包括测量设备的容差,因为这是我们可以识别但无法通过使用测量保证样本来捕获的唯一贡献因素。要做的另一个决定是使用表5.8中的哪个 s 值。因为我们使用了五种不同的武器,所以我们无法合并五个单独的数据集。在这种情况下,保守的方法是使用最大的0.040英寸,这样做可以确保我们不会低估不确定度。得到的评定(表5.9)只有两行,可以应用于任何分析人员使用经过认证的测量设备测量任何猎枪。

表5.9 猎枪枪管测量的不确定度评定

贡献因素	值	u	分布	除数	u	u^2	贡献百分比
测量保证样本	0.04 英寸	0.040	正态	1.00	0.040 00	1.60E−03	83.1
容差	1/32 英寸	0.031	矩形	1.73	0.018 04	3.26E−04	16.9
					合计:	1.93E−03	100.0
					$u_{合成}$	0.043 9	英寸
					$U_{扩展}$	0.09	英寸

假设一支猎枪作为证据提交,负责此案的分析人员使用标准操作规程和可溯源测量装置测量枪管长度,发现它为14.95英寸。不确定度的结果将报告为14.95英寸±0.09英寸($k=2, 95\%$)。结果也可以表示为14.86~15.04英寸的相应范围,$k=2, 95\%$。

测量枪械长度的一般方法是相同的。有时会出现的一个问题是单位。可溯源标尺可以用毫米/厘米而不是英寸来校准,但结果(根据 ATF 的规定)指定的单位却是英寸。根据经验,通常最好是使用测量设备的单位(这里是标尺)来进行不确定度评定。在测量程序结束时转换单位是一件简单的事情,注意不要在过程中丢失有效数字。

最后,需要定期维护和更新不确定度评定,以适当地纳入历史数据。在这个示例中,实验室可能会让分析人员每年测量一次枪械。在检查确保没有发现异常之后,可以将数据与现有数据结合起来。历史数据越多,给出的评定就越好。如果一名新的分析员加入了该部门,通常唯一需要的新步骤就是使用假设检验检查他们对这五种武器的测量结果是否与其他分析员的测量结果有相当的离散度。如果假设检验表明,现有数据与新分析员获得的数据之间没有显著差异,可以合并到现有的测量保证样本结果中。

5.4 总结与概述

长度和距离的测量在法庭科学中是非常独特的,因为有一种方法可以使用可溯源设备直接进行测量。这些设备具有校准和认证的容差值,在评定不确定度时需要考虑到。然而,正如我们以前多次看到的,溯源性与准确度有关,变异(不确定度)产生于程序和执行人员。对于除工具以外的事物引起的不确定度,最有效且最通用的方法是测量保证样本法(或类似的方法)。使用测量保证样本法的关键之一是考虑不确定度的贡献因素,包括随着时间推移的变化和环境因素。可能无法确定要捕获的具体因素是什么,但只要它们被捕获就没有关系。因此,大多数测量保证样本法都是从一个基准数据集开始的,这个基准数据集可以随着时间的推移而扩增。就枪械协议而言,分析人员可以每年重新测量五种武器的长度,并将该数据添加到最初的 50 个数据中。收集到的数据点越多,对离散度的评定就越好。另一个关键是决定测量保证样本的包含范围。如果评定要适用于使用同一工具的所有分析员,那么基准数据必须从所有分析员那里获得。如果一个单位有两个测量设备,那么两个都必须包括在内。测量保证样本协议对不确定度评定的好与坏是与其背后的思想、获得它所采取的保守措施及在使用之前的完整分析密切相关的。在枪管长度示例中,必须对测量保证样本数据进行检查,以确保所有分析人员得到的相对标准差相当,如果没有,则需要更多的培训或教学。前期的努力是为了简化评定,使其可以应用于一系列测量,并且只需要最少的维护。

参考文献

1. A. L. International. *ASCLD/Lab Guidance on the Estimation of Measurement Uncertainty: Overview*. American Society of Crime Laboratory Directors/Laboratory Accreditation Board, 2013.
2. Ellison, S. L. R., and V. J. Barwick. "Using Validation Data for ISO Measurement

Uncertainty Estimation: Part 1. Principles of an Approach Using Cause and Effect Analysis." *Analyst* 123, no.6(1998), 1387-92.
3. Kadis, R. "Analytical Procedure in Terms of Measurement (Quality) Assurance." *Accreditation and Quality Assurance* 7, no.7(2002), 294-98.
4. ATF. *National Firearms Act Handbook*. U.S. Department of Justice, Bureau of Alchol, Tobacco, Firearms, and Explosives, Office of Enforcement Programs and Services, 2009.

第六章

不确定度与称量

需要处理不确定度最多的两个法庭科目就是缉获毒品和毒理学(血液和呼吸酒精)。本章将讨论缉获毒品的不确定度和重量,第七章则讨论呼气酒精与血液酒精。本章将使用前几章中的所有概念,包括测量保证方案。和距离一样,重量也可以使用可溯源样本通过器具评估得到。和之前一样,控制不确定度的不是设备,而是程序、分析员和样本。我们处理重量不确定度的方法在概念上与测量距离是一样的——选择工具;设计程序;培训、测试和验证程序,以确保可接受的准确度和变异;然后通过鉴别因素、确定相对或绝对单位以及创建评定或工作表来进行不确定度评定。测量保证样本可以简化流程,同时为分析员甚至天平提供广泛的包含范围。历史数据对于评定不确定度非常有用。最后,有大量可用的信息,其中大部分是免费的,可用于帮助评定不确定度。还有许多优秀的教程和参考资料可免费在线获取,它们详细介绍了不确定度和称量。缉获毒品分析科学工作组(Scientific Working Group for Seized Drug Analysis, SWGDRUG, www.swgdrug.org)提供了许多用于称重的不确定度评定示例及解释文件。欧洲分析化学中心(www.eurachem.org)还发布了关于不确定度的文件,这些文件清晰、简洁且示例丰富,本章内容大量使用了这些示例。

本章也是需要我们深入研究基础知识之外的推导和数学。所采取的方法需要掌握最基本的概念,你需要准备好寻找一些引用的材料来加深理解。重申之前的观点,这里的示例严格来说并不是教条式或评论式的。在称重过程中,有很多种不确定度的评定方法可以满足我们的合理、可行及适用的标准。

6.1 天平的工作原理

在第二章中,我们讨论了天平是如何工作的。在本章中,这项技术还涉及天

第六章 不确定度与称量

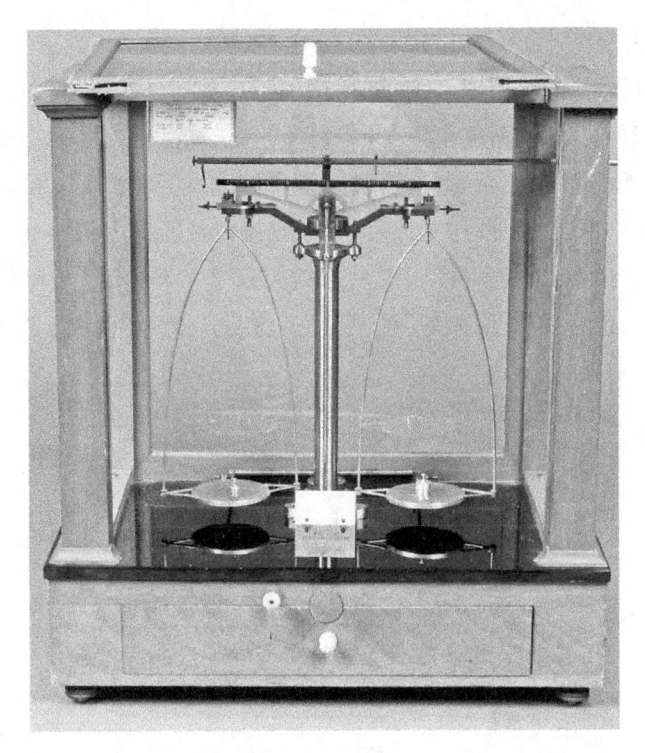

图 6.1 分析天平。作用力通过加入的已知重量砝码来平衡。

平两个托盘(图 6.1)。要称重的物体放在一边,已知重量的砝码放在另一边,直到连接它们的横梁是平行且平衡的。使用这种类型的器具,溯源性的概念很容易掌握——使用可溯源砝码来平衡或补偿负载重量,使测量可溯源。尽管这里在概念上是指补偿放置在天平上样本的向下作用力,但物理重量不能用来抵消这种力。因此,需要注意一个重要的事项——为了本文的目的,我们将交替使用"质量"和"重量"这两个术语。

现代分析天平是电子的,一般有两种类型——电磁元件和负载元件。[1] 它们既不测量质量,也不直接比较重量,而是测量与放置在托盘上样品的向下作用力相抗衡的力。这种力的测量被转换成重量当量。这是通过校准完成的,其中力测量的输出(以电流或电阻的形式)与产生读数的重量相关。换句话说,电子天平是根据标准进行校准的,就像从 pH 计到分析器具的所有领域中使用的一样。电子天平内部有一个用于校准程序的参考砝码。天平也可以使用一系列可溯源砝码进行外部校准。正如我们可以将典型的分析器具校准曲线表示为一条直线(即 $by=mx+b$),我们也可以对校准天平做同样的事情。稍后我们将讨论天平校准及其在不确定度评定中的作用。

回想第五章中的通用因果图,该图适用于在程序环境中随时间推移的测量(图5.1)。我们可以将其应用于天平和称重过程,如图6.2所示。我们在上一章中介绍了与测量程序、分析人员、随时间推移的变化、环境因素和器具(这里是天平)相关的一般相同因素。一些贡献因素可以从程序上最小化,比如确保天平水平放置和样本居中放置(回想一下第二章2.3节)。随着时间的推移,环境因素和偏离也必须得到解决。首先,我们将从与天平相关的贡献因素开始。

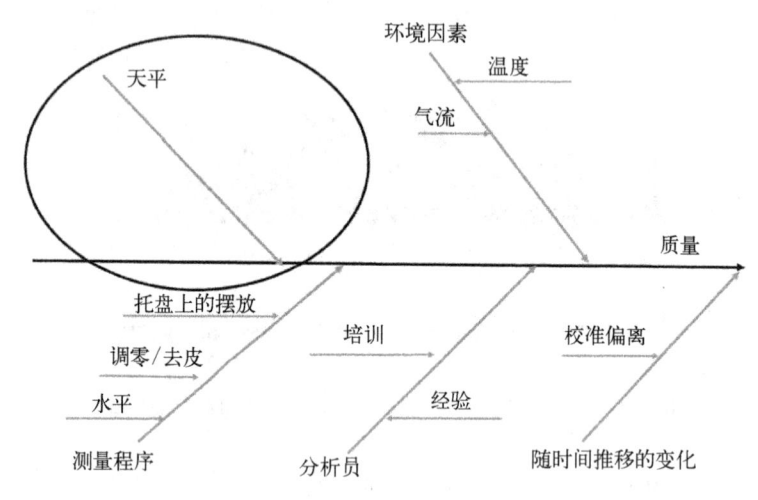

图6.2 在生产环境中使用分析天平的一般因果图。第一个示例关注的是与天平相关的因素。

图6.3 显示了过去10年发布的两个因果关系示意图示例。这是我们通过两种方法对图6.2中圆形区域的拓展。右边是简略的框架,但是对于这个应用程序仍然是可行的。被鉴别的贡献因素是天平的校准及其重复性;环境影响,如气流和温度,尽管它们影响很小,但确实会直接影响天平及校准的线性度。再看左边的框架,尽管符号有些不同,但有很多重叠。区别最明显的是浮力分支。我们将在下一节中讨论这一点,但在法庭应用中,这几乎不是问题,尽管理解其原因很重要。上方的箭头("样本称重值")有灵敏度和线性度(都与校准有关)、温度、使用方法、重复性和数字化等鉴别的贡献因素,这是指可读性或天平如何舍入最后显示数字。这两个示意图在相关背景下都是合理、可行且适用的,并表明存在许多可行的不确定度评定方法。在进入我们的示例之前,我们首先讨论浮力及为什么我们不需要在这里考虑它。

第六章 不确定度与称量

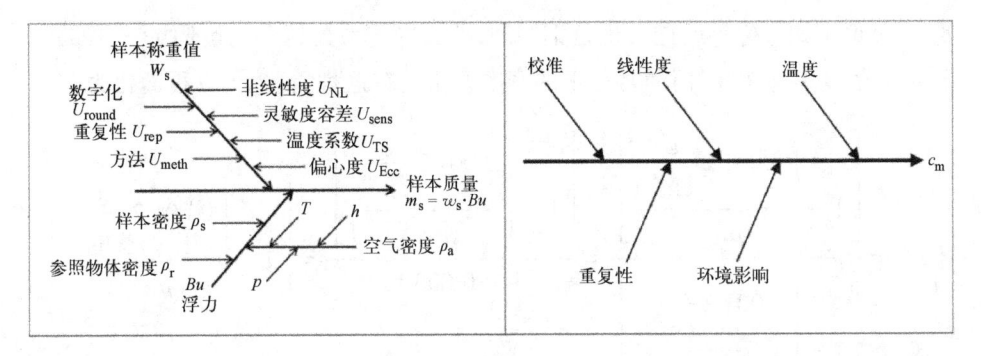

图 6.3 来自近期文献的示意图示例。[左边: Reproduced with permission from Valerie Lourenco and Christophe Bobin, "Weighing Uncertainties in Quantitative Preparation for Radionuclide Metrology," *Metrologia* 52(2015), S18–S29. 右边: Reproduced with permission from A. Gustavo Gonzales and M. Angeles Herrador, "The Assessment of Electronic Balances for Accuracy of Mass Measurements in the Analytical Laboratory," *Accreditation and Quality Assurance* 12(2007), 21–29.]

6.2 浮 力

样本对天平托盘施加的向下作用力与样品的质量和重力有关（$F = g \times m$）。大气会产生浮力（向上作用力），这意味着测量的作用力比在真空中要小。

$$F = F_g - F_b \Rightarrow wt_{测量} = wt_{样本} \times 修正_{by} \tag{6.1}$$

其中，g 为重力所产生的力，b 为浮力。由天平测量的向下作用力与来自浮力的向上作用力相抵消，因此显示的重量是"真实"重量乘以浮力系数。虽然我们不需要在这里进行完整的推导，[1-5]但可以通过将空气浮力与内部参照物的浮力相关联来修正浮力，在大多数天平中，内部参照物是前面提到的内部钢制砝码:

$$修正 = \frac{\left[1 - \left(\dfrac{\rho_{空气}}{\rho_{样本}}\right)\right]}{\left[1 - \left(\dfrac{\rho_{空气}}{\rho_{计算重量}}\right)\right]} \tag{6.2}$$

其中，ρ 代表密度。海平面空气的密度约为 0.001 2 g/cm³，钢的密度约为

8.0 g/cm³。如果称重的样品也是钢制的,那么修正系数是1。至于缉获的毒品,样本的密度不得而知,但通常比钢的密度要小。在这种情况下,方程简化为

$$\text{修正} = \frac{\left[1 - \left(\dfrac{0.001\,2\,\dfrac{g}{cm^3}}{\rho_{\text{样本}}}\right)\right]}{\left[1 - \left(\dfrac{0.001\,2\,\dfrac{g}{cm^3}}{8.0\,\dfrac{g}{cm^3}}\right)\right]} = \frac{\left[1 - \left(\dfrac{0.001\,2\,\dfrac{g}{cm^3}}{\rho_{\text{样本}}}\right)\right]}{[1 - 0.000\,15]} = \left[1 - \left(\dfrac{0.001\,2\,\dfrac{g}{cm^3}}{\rho_{\text{样本}}}\right)\right] \tag{6.3}$$

在空气中,任何密度小于钢的样品的称重,其修正系数都将小于1,这意味着显示的重量小于真实重量。例如,如果样品的密度为1.0(水的密度),则修正系数为

$$\text{修正} = \left[1 - \left(\dfrac{0.001\,2\,\dfrac{g}{cm^3}}{\rho_{\text{样本}}}\right)\right] = 1 - 0.001\,2 = 0.998\,8 \tag{6.4}$$

就缉获毒品分析而言,这是合理和可行的,因为它是保守的。这种做法确保了重量(对量刑十分重要)永远不会因为浮力因素而被高估。浮力是真实存在的,并且贡献不会为零,但修正是如此之小,与其他贡献因素相比微不足道,以至于它没有实际影响,因此,对于法庭应用,在鉴别不确定度贡献因素时忽略浮力是合理的。欧洲分析化学中心的指南(QUAM:200.1,附录G)在质量测量不确定度来源的注释中提出了这一点:

对于基本常数或SI单位定义,通常将通过称重确定的质量修正为真空中的重量。在大多数其他实际情况下,重量是根据国际法制计量组织[H.18]定义的常规基础引用的。当样本密度为8 000 kg/m³或空气密度为1.2 kg/m³时,对折算质量的浮力修正为零。由于空气密度通常非常接近该值,因此通常可以忽略对折算重量的修正。

OIML代表国际法定计量组织(Organisation Internationale de Métrologie Légale)。术语折算重量是指相对于空气中钢的重量。当天平被校准时,它们是基于折算质量进行校准的。[3]因此,在法庭环境中,很少有将浮力视为一个问题的场景,但如果有,它也是可以解决的。[1,3,5,6]

6.3 与天平相关的不确定度

回到我们关注的天平因素示例,我们将使用图 6.4 所示的因果关系图。我们已经鉴别了校准(灵敏度和线性度)、可读性、温度效应和重复性,这些贡献因素将被量化评定。在此之前,我们已讨论了浮力问题,以及为什么大多数法庭样本忽略浮力是没有问题的。

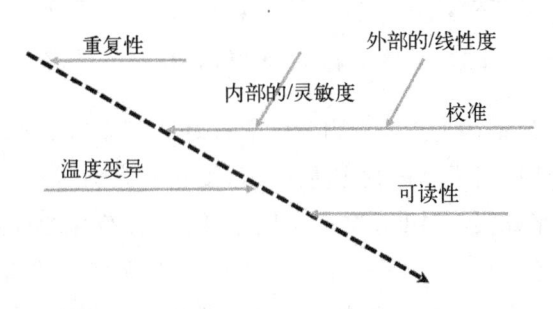

图 6.4 天平因素的因果关系图。

对于大多数情况下的不确定度评定,我们可以忽略浮力,但还有其他与天平相关的因素,它们确实在一定程度上起着不可忽视的贡献。[7]这些因素包括可读性、重复性、温度变异和校准。对于分析天平,重复性的测量方法是让一个人在相同的条件下连续多次称量参照样品或可溯源的砝码。这与表 3.4 的定义一致,并且与上一章所描述的长度测量相似。这是我们期望从重复测量中得到的最小变异。

可读性描述的是天平如何显示最后一位数字。例如,通过指针显示的体重秤,用户可以评定最后一位数字。例如,在图 6.5 中,站在体重秤上的人认为 0.5 是最佳的,因此评定的体重为 125.5 磅(1 磅 = 453.592 克)。而站到数字体重秤上时,读数却是 125.4 磅。天平的可读性即最后一个数字的不确定度。对于一个便宜的数字体重秤,可读性可能是±0.1 磅,这意味着(假设一个矩形分布),同样的重量显示为 125.3、125.4 或 125.5 的可能性是相等的。对于分析天平,可读性由制造商或当前的校准与溯源性证书提供。通常显示的最后一个数字是±1,但这不能假设。可读性有时也被称为天平的分辨率。

温度也会影响天平的性能,并可能贡献不确定度。像可读性一样,大多数天

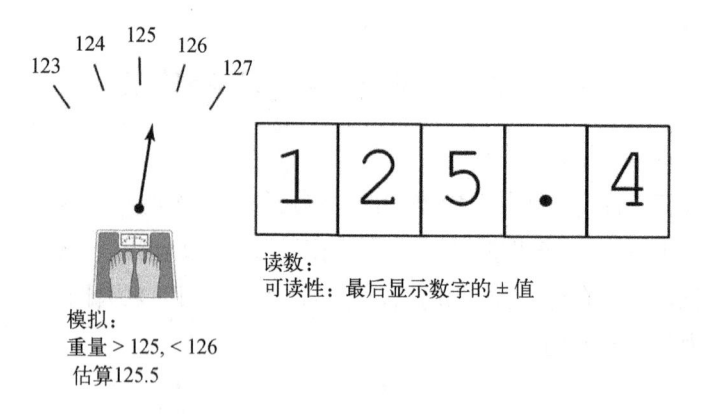

图 6.5　天平的可读性,也称天平的"精密度"。

平都附带一个规格,描述了温度对测量重量的影响。这个规格被称为温度系数,它描述了温度变化如何影响被测重量。温度变化的影响通常可以忽略不计,但这需要通过计算来证实。温度系数通常以每摄氏温度变化的百分数(%)或百万分数(ppm)为单位来校准天平。例如,假设天平规格表将温度变异表示为 4 ppm/℃。百万分之一在此定义为 1 mg/kg 或更方便地定义为 1 μg/g,因此温度变化引起的变异为 4 μg/g,对应于

$$\frac{4\ \mu g}{g} = \frac{4\ \mu g}{1\ 000\ mg} = \frac{4\ \mu g}{1\ 000\ 000\ \mu g} \times 100 = 0.000\ 1\%/℃ \qquad (6.5)$$

如果实验室的温度与天平校准时的温度相差 10℃,重量的变化仍然只有 0.001%。正如我们在浮力中看到的,温度对不确定度的贡献虽然不是零,但通常是可以忽略不计的。然而,如果数据是通过天平提供的,则实验室应在决定排除温度变化作为不确定度贡献因素之前确认这一点。稍后我们将看到如何使用重现性测试/测量保证样本来捕获任何温度变化对不确定度的贡献因素。

6.4　天平校准

考虑到温度效应、可读性和浮力,天平剩余的不确定度贡献因素与校准有关。回想一下,电子天平测量作用力,并通过校准程序将其与测量的重量联系起来。大多数电子天平包含一个内部参照钢砝码,该砝码与天平可以准确测量的

最大重量相关。砝码是由钢构成的事实解释了为什么浮力（前面讨论过）与钢的密度有关。

如果天平的最大测量值为 250 g，则内部砝码的重量为 250.0⋯g。该砝码施加的作用力代表 250.0⋯g 的重量。在天平的另一端，当天平托盘空置时，这个力与向下作用力相关联。实际上，托盘和大气的重量产生了一个向下作用力，但这个力总是存在的，而且总是会被减去，因此，天平上没有额外的样本重量。此时绘制的曲线即内部校准曲线。当托盘上没有任何东西要称重时，使天平归零，实际上是在指示它忽略空气压力和托盘的重量。图 6.6 显示了使用内部钢砝码进行的假设平衡校准。

天平的灵敏度定义为校准曲线的斜率。考虑到这个词在日常语言中的使用方式，它被误解的情况并不少见。我们经常将灵敏度技术称为可以检测到极低水平或浓度的技术，但这是不正确的用法。这里，灵敏度不是指天平能检测到的最小重量，该重量是最小可测重量。天平按定义提供的线性范围，在本例中可能为 0.005 g 到 250.000 g。如果托盘上放置的东西重量超过 250 g 或小于 0.005 g，天平就会显示一个数值，但这个数值是不可信的。线性范围正是这个范围，与天平相关的标准操作规程应始终确保天平不用来称量不在规定线性范围内的样品。这是标准操作规程方法开发和生成的一部分。还存在一些双量程天平，它们的校准规格从较低的重量范围到较高的重量范围不等，这些差异都是必须要考虑到的。

天平的校准可以使用可溯源砝码在外部进行验证，如图 6.6 所示。例如，假设使用适当的技术将一个可溯源砝码放置在一个校准的天平上。砝码的重量为

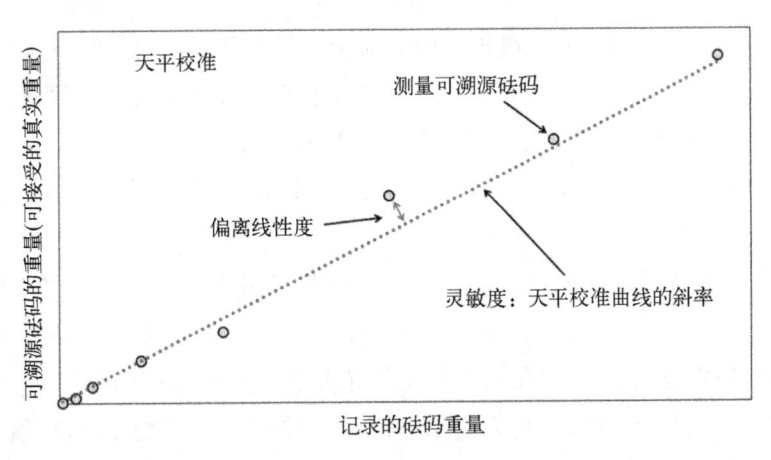

图 6.6 天平校准的显示记录值与可溯源砝码的拟合线。

5.000 g±0.000 1 g，天平读数为 50.003。这些重量之间的差异是+0.003 g，这被称为偏离线性度，有时也称为线性度。图 6.6 中为了清晰起见，差异被夸大了，但是即使是经过认证的校准天平，显示的重量和校准曲线值之间的差异也是不可避免的。这种偏差是不确定度的一个贡献因素。与可读性一样，给定天平的线性度或偏离线性度由制造商或最新的校准证书提供。

6.5　天平参数的不确定度评定

此处，我们可以从天平规格和校准证书中获得数据来合成一个不确定度评定。天平规格也会提供关于重复性的值，尽管我们可以在实验室中进行重复性研究。对于第一个示例（表 6.1），我们仅按照假设校准证书提供的规格工作。由于温度系数的影响非常小，因此规格中省略温度系数是很正常的。但如果提供了温度系数，那么实验室应该通过演练来证明温度影响可以忽略不计。

表 6.1　天平规格示例

规　格	值（单位）	分　布
可读性	0.001 g	矩形
线性度	0.002 g	矩形
重复性	0.003 g	正态（重复测量）

线性度报告了从可溯源测试砝码和显示重量中获得的最大偏差，这对应于图 6.6 中强调的偏差。请注意，规格表中没有说明偏差的正负，只要我们有这个值就可以了，因为它是最大的偏差，是一个单一的值，因此，把它当作一个矩形分布是合理的。而根据定义重复性是在同一时间相同条件下重复测量得到的标准差。

在该示例中，重量以绝对量（g）的形式提供，适用于任何落在天平操作范围内的重量，因此我们不必担心相对不确定度。评定结果如表 6.2 所示。仅是使用天平的规格，我们就可以在此天平上获得的任何重量都具有 0.000 7 g 的扩展不确定度（U 在 $k=2$ 时）。可以看出，最大的贡献因素是重复性，这是预料之内的。还请注意，在这个示例中显示了贡献因素的总和，在构建不确定度评定时，这是一个很好的自检过程。"1.73…"表明在电子表格中,公式是使用$\sqrt{3}$来计算的,而不是数字 1.73。这将确保有效数字不受该值的影响。虽然在该评定中这不是一个问题,但如果你确实输入了 1.73,则需要在计算中将舍入限制为三位数,这样可以确保它们不会出现问题。

表 6.2 来自天平规格的不确定度评定

因素	值	单位	分布	除数	U	$u \times u$	贡献百分比
可读性	0.001	g	矩形	1.73…	5.774E−04	3.33E−07	3.1
线性度	0.002	g	矩形	1.73…	1.155E−03	1.33E−06	12.5
重复性	0.003	g	正态	1	3.000E−03	9.00E−06	84.4
					合计:	1.07E−03	100
					$u_{合成}$	3.27E−03	
					$U(k=2)$	0.006 5 g	

你可能会遇到这种评定的一种变体,它与处理可读性[以及类似的 B 类(矩形和三角形分布)]的方式有关。假设天平校准表将可读性规定为 0.001 g 而不是±值。如图 6.7 所示,这将是一个以重量为中心的矩形分布,跨度为 0.001 g,它可以理解为±0.000 5 g[如图 3.9 所示的(a)值],加起来的可读性为 0.001 g。随着这一变化,评定将被修改,如表 6.3 所示。

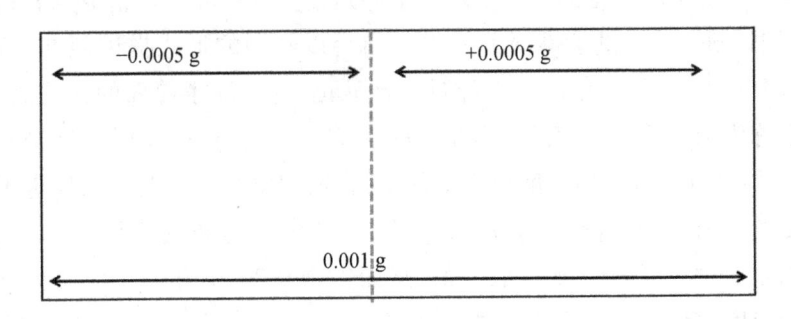

图 6.7 一分为二的矩形分布。

该合成标准不确定度小于第一个评定,可读性的贡献也是如此。不过只要从文件中清楚地表明这是解释可读性的方式,这就是一种合理且可行的方法。如果有任何可疑,那么将可读性保持在原始值 0.001 g 将对总不确定度产生最小的影响,因为将其保持在较大的值,则不确定度可能会被略微高估,但不会低估。

表 6.3　不确定度评定与可读性调整

因　素	值	单位	分布	除数	U	u×u	贡献百分比
可读性	0.001	g	矩形	$\dfrac{0.001/2}{\sqrt{3}}$	2.887E−04	8.33E−10	1.2
线性度	0.002	g	矩形	1.73…	1.155E−03	1.33E−08	4.9
重复性	0.003	g	正态	1	3.000E−03	9.00E−08	32.8
不确定度	0.008 2	g	$U, k=2$	2	4.100E−03	1.61E−03	61.2
				合计：		1.107E−06	100
				$u_{合成}$		1.05E−03	
				$U(k=2)$		0.002 1 g	

在本章的其余部分，我们将不会对可读性做除法，因为两个原因：第一，它是保守的；第二，当我们进入到重复测量的情况下，可读性会成为一个更小的不确定度的来源。

6.6　校准证书参数的不确定度评定

天平不确定度评定的下一个棘手事件是结合制造商的规格数据和最新的校准证书。通常，提供校准服务的供应商会以不同的形式提供额外的信息。例如，假设上一个示例中的天平经过重新认证，并且除了前面的数据之外，还提供了称为天平不确定度的测量值，例如"$U=0.002\ g(k=2)$"。该符号表明 0.002 g 值本身是从不确定度评定中获得的，该评定是供应商用来评定天平不确定度的。因此，我们不能将 0.002 g 的值视为正态分布或矩形分布。我们所要做的是通过除以 $k=2$ 来获取 u 值，从而得到 0.001 g 作为供应商提供的天平不确定度。将该贡献因素包括进来会生成一个新的评定，如表 6.4 所示。此时，由校准服务获得的不确定度现在是主导项，可读性则下降到可以忽略不计的值。如果用该天平计算出 17.342 g 的重量，则 $k=2$ 处的不确定度为 17.342 1 g ± 0.002 1 g 或 17.340 g~17.344 4 g。无论获得什么重量，不确定度都是相同的，因为我们对所有贡献因素都以克为单位。但是，在某些情况下，需要相对值。

第六章 不确定度与称量

表 6.4 修订后的评定

因素	值	单位	分布	除数	U	$u \times u$	贡献百分比
可读性	0.001	g	矩形	1.732 051	5.774E−04	3.333E−09	1.2
线性度	0.002	g	矩形	1.732 051	1.155E−03	1.333E−08	4.9
重复性	0.003	g	正态	1	3.000E−03	9.00E−08	32.8
不确定度	0.008 2	g	$U, k=2$	2	4.100E−03	1.61E−03	61.2
				合计：		1.107E−06	100
				$u_{合成}$		1.05E−03	
				$U(k=2)$		0.002 1 g	

例如，假设偏离线性度的偏差不是作为绝对数字提供的，而是通过百分比作为灵敏度的报告。如图 6.8 所示，理想曲线与实际曲线之间的绝对差值变化在重量越重的地方越大，而在重量越轻的地方越小。例如，这可以报告为 0.005%。现在评定必须解决这个问题，因为百分比单位与克单位不匹配。

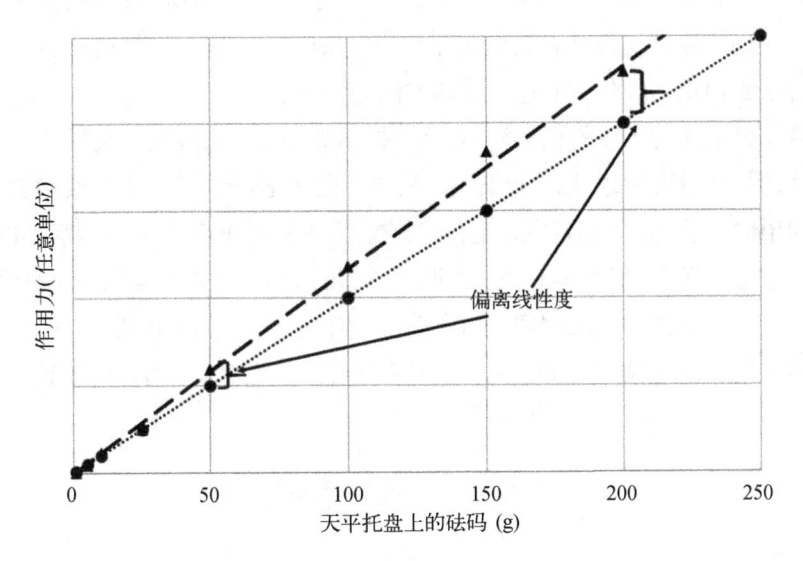

图 6.8 校准的灵敏度即校准曲线的斜率。

这种情况有两种选择。一种选择是，实验室可以设计评定不确定度工作表，以便计算每个贡献因素的相对不确定度。如果样品重量为 15.000 g，则必须计算每种样品的相对不确定因素，例如可读性为 0.001 g/15.000 g 等。0.005 的灵敏度由 15.000 g 乘以 0.000 05 g 来确定。这就是第四章中英里/加仑的示例所采用的方法。

这种方法没有什么问题,但它却很繁琐,因为需要为获得的每个权重做重新计算。

另一种选择是采取保守的做法。如果天平可以称量的最大重量是 200 g,那么由于灵敏度变化而对线性度的最大偏差为 200 g 的 0.005%,或 0.001 g。该值可以作为一个矩形分布的恒量值放入电子表格中。这种假设永远不会使不确定度被低估。尽管它可能被高估(略微),但优点是对于在该天平上任何样本的不确定度评定它们的不确定度都是相同的。

6.7　测量保证和控制图法

回顾图 6.2,在前面的讨论中,我们通过在上一个示例中包含校准报告中的不确定度(表 6.4),解决了被圈出的问题,即由于天平导致的不确定度与程序中的一些重叠。到目前为止,所有其他的影响因素都没有被触及,比如环境变化、随时间推移的变化及不同分析员的变异。在这一点上,为所有这些贡献因素分配一行不确定评定变得具有挑战性,但必须解决这个问题。一种简单、有效且高效的方法是使用一种包含质量控制图的测量保证法。

我们已经讨论了测量保证样本,这些样本需要尽可能地模拟实际条件,并随着时间的推移进行测量,以捕捉真实的变异。记住,测量保证样本与准确度无关。如果用于称重过程的不确定度评定,只要它在天平的工作范围内,我们就不需要关心它的重量。测量保证样本是关于随时间推移的变异。没有所谓的完美测量保证样本。你的目标是尽可能地模拟实际工作,而不是产生更多的问题。尽管这可以相对容易地完成,但需要计划。质量控制图是在该过程中是很有用的工具。

6.8　质量控制图

许多实验室使用可溯源砝码来检查他们的天平随着时间推移的性能,并且大多数时候用质量控制图来达到这个目的。质量控制图可以随着时间推移来监测性能,并确保该性能在实验室定义的可接受范围内。例如,假设天平在重新校准后返回实验室。供应商可能会建议每年重新校准,但这并不是限定了该实验室该如何使用天平。相反,实验室选择随着时间推移监控性能,并根据政策在性

第六章　不确定度与称量

能低于其定义的可接受标准或一年以后（以先到者为准）将天平送去进行重新校准。设置和使用质量控制图的方法有很多种，[7-11]下面的示例仅供说明。

假设同一个实验室有四名分析员使用校准后返回的天平。所有人都经过培训且经验丰富，并使用相同的标准操作规程。天平是新认证的，因此性能特征是已知的。实验室选择建立基准数据集来确定性能限制。在超过一个工作周的时间内，每名分析员都被要求每天称量两次可溯源砝码，一次是在中午之前，一次是在中午之后。这产生了一个 4×2×5 = 40 个重量测量数据集。在检查以确保分析员之间的方差具有可比性之后，这 40 个数据点用于计算平均值和标准差（例如，分别得到 50.003 g 和 0.250 g）。回想一下，一个标准差单位（s）包含了大约 68% 的曲线包含面积，两个标准差单位约为 95%，三个标准差单位约为 99%。实验室指定了 ±2 s 为警告限和 ±3 s 为控制限。分析人员将每天或每周检查重量并记录结果。该值通常每天都会发生变化，但如果仅发生很小的随机变异且天平符合认证的要求，则这些值将接近平均值。如果记录的重量低于平均值 ±2 s（49.753 ~ 50.253 g），这表明天平性能存在问题，应该重新检查重量。如果某一天的重量超过 ±3 s（控制限），则应将天平送去重新校准。这个示例的质量控制图如图 6.9 所示。

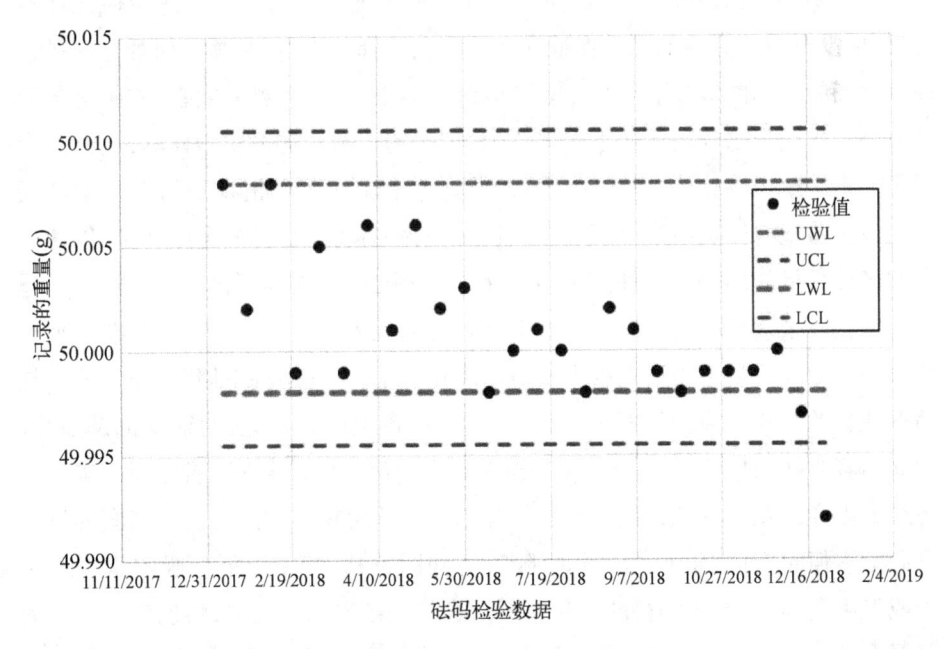

图 6.9　可溯源砝码的假定质量控制图。

警告上下限(平均值±2 s)对应于正态分布大约95%的曲线包含面积,控制上下限±3 s 对应于大约99%的曲线包含面积。其中,平均值没有被显示,仅显示了从最初的40个数据中得出的范围。点代表全年记录的重量,在这个夸张的示例中,天平的性能不断下降,直到在12月超出了控制下限,因此,天平在重新校准之前都不能使用。

最初40个数据点的标准差可以作为不确定度评定的一部分,因为它确实代表了复现性,但这样做有一个缺点。虽然可溯源砝码质量控制图是监测天平性能的一个很好的工具,但它有局限性。典型的法庭实验室在实际工作中不会仅对钢样本进行称重,他们还需要对粉末、药丸、植物等进行称重。因此,虽然测量保证样本将是一个合理的选择,但如果实验室选择这样做,则至少必须解决以下问题:

- 什么是合理的测量保证样本?照搬用于实际毒品是否合理?
- 适用于多少天平?
- 适用于多少分析员?
- 适用于什么类型的样本?
- 我们如何随着时间推移监控测量保证样本?

每个实验室的情况都是不同的,没有一种正确的方法来建立测量保证样本协议,也没有一种完美的测量保证样本。无论选择什么,都必须一如既往的是合理、可行和适用的。为了举例,我们将使用这样一个场景:实验室有三台天平——一台用于毫克极的小型样本,一台用于粉末和植物的中型样本,还有一台用于大量缉获植物物质的大型天平。我们将专注于用于植物和粉末的中型天平。该实验室有四名缉毒分析员使用该天平,并且将设计不确定度评定,以便所有四名分析员使用相同的评定。该天平主要用于白色粉末和植物物质,所以他们选择在一个袋子中装入玉米淀粉制作测量保证样本,其重量大致落在天平工作范围的中间。袋子用证据胶带密封以防止泄漏,并在室温下储存,因为这就是储存证据的方式。袋子足够满,可以在天平托盘上散开,真实的证据也是如此,因此随着时间的推移,由于摆放和偏心荷载而导致的变异将被捕捉到。实验室将绘制该样品及可溯源钢砝码的质量控制图。使用粉末样品质量控制图的目的是确定它何时应该"退役"。例如,随着时间的推移,粉末可能会吸收水分或变干或发生泄漏,以至于测得的重量不再落在控制范围内。届时,将创建一个新的测量保证样本。显然,这个样本并不是每个或某个实际情况的完美模拟,但它却是对天平在日常实际使用方式的合理模拟。

在图6.2的背景下查看这个方案。前面的部分描述了如何单独管理与天平相关的因素,该测量保证样本方案(以及检查可溯源砝码)将捕获我们最初注意到的所有因素及随着时间推移不可避免但难以具体说明的变化。我们没有使评定复杂化,而是大大简化了它。为什么?因为测量保证样本示例过程几乎捕获了我们在图6.2中确定的所有因素。将该方案与经过培训且熟练的分析人员以及经过验证的标准操作规程相结合,不确定度评定就可以通过最小的工作量来实现,并且是合理、可行、适用的。大部分的工作都花在了最初的方案和数据收集上,一旦完成,评定就可以被每个使用天平的人使用,直到需要重新校准或再生成一个新的测量保证样本。表6.5显示了这个示例的评定。请注意,这包括不锈钢砝码的重复性,但可以提出的一个论点是,不确定度评定不需要它。因为钢的重量很容易集中在天平托盘上,不会像一袋粉末一样分散在托盘上,所以如果我们只使用重量,我们可以不考虑该贡献因素。使用测量保证样本更能说明这一点。检查可溯源砝码主要是为了准确度,而不是不确定度,因此,我们可以将这个贡献因素排除在最终评定之外。在这种情况下,可读性和线性度也可以得到类似的论证。但是,保留它们也没有什么坏处,因为在程序最后的舍入会处理它们。该示例的最终合理评定见表6.6。当舍入到天平的精密度时,两个表的扩展不确定度都为 0.075 g($k=2$,约为95%)。测量保证样本的贡献是迄今为止最大的,因为它捕捉了如此多的变异——随着时间推移和四名分析员的变异。这是意料之中的,不需要担忧,因为它是基于一个粉末和植物样品的合理实际场景。

表6.5 不确定度评定与测量保证样本贡献

因素	值	单位	分布	除数	U	$u \times u$	贡献百分比
可读性	0.001	g	矩形	1.73	5.774E−04	3.333E−09	0.02
线性度	0.002	g	矩形	1.73	1.155E−03	1.333E−08	0.1
重复性	0.003	g	正态	1	3.000E−03	9.00E−08	0.6
不确定度	0.008 2	g	$U, k=2$	2	4.100E−03	1.681E−05	1.2
测量保证样本	0.037	g	正态	1	3.700E−02	1.369E−03	98.0
				合计:		1.369E−03	100
				$u_{合成}$		3.74E−02	
				$U(k=2)$		0.074 7	

表 6.6 最终版本的不确定度评定

因素	值	单位	分布	除数	U	u×u	贡献百分比
可读性	0.001	g	矩形	1.73	5.774E−04	3.333E−09	0.02
线性度	0.002	g	矩形	1.73	1.155E−03	1.333E−08	0.1
重复性	0.003	g	正态	1	3.000E−03	9.00E−08	0.6
不确定度	0.008 2	g	$U, k=2$	2	4.100E−03	1.681E−05	1.2
测量保证样本	0.037	g	正态	1	3.700E−02	1.369E−03	98.0
					合计:	1.369E−03	100
					$u_{合成}$	3.74E−02	
					$U(k=2)$	0.074 7	

当不确定度的离散度超过仅基于天平认证值的评定时,实验室尝试测量保证样本法回缩并不罕见。这不是放弃测量保证样本协议的理由。评定不确定度的目的是提供一个我们期望值所在的范围。我们通过质量保证(QA)/质量控制(QC)、可溯源砝码等处理准确度和与真值的接近程度,使用反映实际工作如何完成的评定或工作表来表征离散度/范围/不确定度。一个合理、实际、可行的测量保证样本总是会随着时间的推移产生比钢砝码或天平认证标准更大的标准差,但这是一件好事,因为一个好的测量保证样本应该更好地接近实际工作中预期的正常变异。不确定度的大小并不是问题所在——问题的关键在于它的合理性、可行性和适用性。

6.9 事件相关性

使用电子天平对证据进行称重是我们看到相关性概念出现的首个示例。这样做是因为天平的操作方式。相关性是指变量之间存在一种"联系",其中一个变量的值会以某种方式影响另一个变量。第二个事件的结果与前一个事件有关或在某种程度上依赖于前一个事件。有时这种关系是显而易见的,很容易计算,但有时它也是难以确定的,很难衡量。例如,年龄和身高之间存在相关性。随着我们长大成人,我们会变得更高。尽管这是一个正相关,但它不是均匀的。在深入研究不确定度的相关性之前,我们需要了解相关性及协变的概念。我们将继续使用年龄与身高的示例,并使用来自疾病控制和预防中心的数据(https://openi.nlm.nih.gov;表 6.7)。这些原始数据的年龄标准差(样本)是 4.18 岁,身高标准差是 23.88 cm,这些值很快会被用到。

表 6.7 年龄的身高函数

年龄(岁)	身高(cm)	年龄(岁)	身高(cm)
2	90	9	131
3	98	10	135
4	103	11	140
5	109	12	147
6	115	13	153
7	123	14	160
8	127	15	169

通过身高与年龄的关系图(图 6.10),就可以清楚地看到这种相关性。图中显示了与各点拟合的趋势线(基于最小二乘法线性拟合),以及用 R^2 表示的皮尔逊相关系数。"完美"的正相关 R^2 值为 1.000 000…这些数据是高度正相关的,这意味着随着年龄的增长,身高也会增长,但每个数据点的增长并不完全相同。在这种情况下,一个完美的相关性是每过 1.000 00…年就会有 10.000 0…cm 的增长。在不确定度的背景下,我们关注的事实是存在相关性,以及它如何与每个数据点的方差相关。

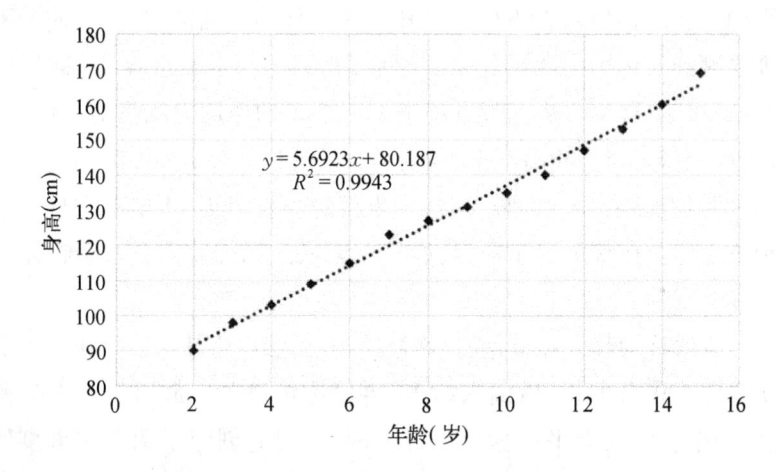

图 6.10 身高和年龄之间的相关性为明显正相关。

为了计算相关性程度,我们使用相关系数(r),它需要协方差和标准差:

$$r = \frac{\text{协方差}(\text{年龄}, \text{身高})}{s_{\text{年龄}} \times s_{\text{身高}}} = \frac{99.62}{4.18 \times 23.88} = 0.9972 \quad (6.6)$$

回想一下,方差(一个变量如何分布在平均值周围)是用标准差来描述的,即标准差的平方(表3.1)。协方差的计算也是类似的:

$$cov(\text{年龄}, \text{身高}) = \sum_{i=1}^{n} \frac{(\text{年龄}_i - \overline{\text{年龄} X})(\text{身高}_i - \overline{\text{身高} Y})}{n} \quad (6.7)$$

在该示例中,n是14,因为我们有14个测量值。如果年龄和身高不相关,则协方差为零。Excel®中有一个函数可以用来计算协方差,与标准差一样,必须指定样本或总体。对于本例,协方差为99.62,相关系数(r)为0.9972。如果将该值平方,结果为0.9943,这是用于测量线性度的皮尔逊相关系数,如图6.7所示。而对于不确定度的计算,我们使用相关系数r,而不是r^2。

6.10 相关性与称重

当我们考虑"称重事件"时,相关性就出现了。假设你的任务是使用实验室分析天平对一个袋子里的粉末进行称重。则有两种方法可以使用。第一种方法称为动态称重,即整个程序在一个称重事件中以单一顺序完成。它首先需要我们将天平归零,设置基线,在不向天平托盘添加任何东西的情况下,使天平与任何可以被检测到的作用力联系起来。然后,我们把一个称重容器(称量皿或称量纸)放在天平上,随后去皮。天平记录了一个新的作用力测量值,我们指示它对这个值进行忽略,因为我们不关心容器的重量,只关心实际样品的重量。接下来,我们立即打开装有粉末的袋子,把粉末倒进称量皿里,不要把它从天平上取下来并记录重量。在整个程序中,我们只在天平上添加放置了一个物体。这被称为单个称重事件。

另一种方法称为静态称重,是将称量皿去皮,然后将其从天平托盘中取出并放置在实验室工作台上,然后倒入粉末,再将称量皿重新放回托盘上。在本例中,我们将一个物体在天平托盘上放置了两次,因此创建了两个称重事件。诚然,尽管天平被强制归零,但在托盘上的物体被两次摆放是两个事件,因此,第二

第六章 不确定度与称量

次的结果与第一次的结果具有相关性。尽管它们是如何相关的很难说,但确实有关系。那么如果有,我们该怎么解释?

在这一点上,我们必须看看不确定度的数学传递。在此之前,我们假设对总不确定度的单个贡献因素是相互独立的。对于天平而言,可读性与线性度无关。如果可读性发生变化,则线性度并不会产生相关变化。之前我们可以将不同贡献因素的平方和相加,然后取该和的平方根。但现在有了相关性的概念,我们认识到在某些测量程序中,贡献因素可能不是独立的。如果不是这样,那么一个变量与另一个变量之间的关系或依赖将会对不确定度产生一些贡献。这被称为协方差(由于相互关系的方差)。当我们建立如表 6.3 所示的不确定度评定时,我们假设可读性和重复性的贡献是相互独立的。这个假设是合乎逻辑与常理的。然而,如果我们将获得重量的程序视为静态的,那么现在我们就有理由认为有两个相关的称重事件。

要解释相关性对不确定度的贡献,首先要考虑我们一直使用的一个假设,即贡献因素是可加的,因为总不确定度是单个贡献因素的总和。而不同之处在于,现在我们必须包括一个表示相关性不确定度的贡献因素。回顾一下身高和年龄的示例,一般来说,当我们接近成年时,我们会变得更高(身高与年龄呈正相关),但我们的增长速度并不相同,相关性是变化的(即有一个相关的不确定度)。我们需要捕获这种不确定度。

我们从保守的方法开始,就像我们之前那样。我们的目标是推导出一个方程,以包括相关性对评定不确定度的最大可能贡献。这样,我们每次评定不确定度时都可以使用相同的表达式,而不是对每个测量程序的相关性贡献值都进行确定。因此,尽管我们可能会高估不确定度,但我们永远不会因为我们确定相关性的方式而低估它。要做到这一点,必须使用不确定度传递定律,它需要使用微积分和泰勒级数。有许多参考文献详细地介绍了这个推导过程,包括《测量不确定度指南》(GUM)。[7,12-15]在这里,我们不会对细节进行深入探讨,而是从这些参考资料中选取一个具有代表性的示例。[16]

假设我们在一个天平上连续获得两个重量,它们可以是通过动态称重,也可以是通过设计将两个独立的重量(wt_1 和 wt_2)与相关的不确定度(u_{wt1} 和 u_{wt2})相加。这里我们关注的是由相关性引起的两个不确定度值的差异,因此我们必须根据这种差异改变方程:

$$y = u_{wt1} - u_{wt2} \quad (6.8)$$

根据该定律展开后,我们得到两个偏导数项,一个描述 y 的变化作为 u_{wt1} 变化的函数(其值为+1),另一个描述 y 随 u_{wt2} 变化的函数(其值为-1)。这源于偏导数的计算方式,偏导中没有涉及的变量被视为导出时结果为零的常数。这使我们能够对总不确定度方程进一步简化:

$$u^2 = u^2(u_{wt1}) + u^2(u_{wt2}) - 2r(u_{wt1})(u_{wt2}) \quad (6.9)$$

这里经常出现的一个问题是,为什么是$-2r$而不是$+2r$?原因是我们对方程6.8中的两个变量求偏导数,这意味着一个值是+1(与wt_1相关的偏导数),另一个值是-1(与wt_2相关的偏导数)。

因为我们在相同条件下在同一天平上称重,所以第一次和第二次的称量相关不确定度是相同的:

$$u_{wt1} = u_{wt2} = u_{wt} \quad (6.10)$$

现在方程可以简化为

$$u^2_{合成} = 2u^2_{wt} - 2ru^2_{wt} \quad (6.11)$$

通过数学运算,我们可以将解释相关性的因素单独考虑为

$$u_{合成} = u_{wt} \times \sqrt{2 - 2r} \quad (6.12)$$

在这一点上,我们有两个选择。我们可以通过实验(烦琐但可行)来确定 r,或者采取保守的方法,假设最坏的情况,然后使用这个值。这意味着我们可能会高估不确定度,但不会低估它。对于这个表达式,最坏的情况即 $r = -1$ 的完全负相关。如果我们这样假设,那么乘数就变为

$$u_{合成} = u_{wt} \times \sqrt{2 - 2(-1)} = u_{wt} \times \sqrt{2 - (-2)} = u_{wt} \times \sqrt{4} = 2u_{wt} \quad (6.13)$$

因此,如果我们假设相关性的最大可能值,我们所要做的就是将我们在评定或其他工作表中计算的标准合成不确定度(u)值翻倍。注意,在我们计算扩展的不确定度($k = 2$)之前,这是独立的。

这种推导引出了一个明显而有趣的问题。如果相关性为 $r = 1.000\,0\cdots$ 的完全正相关,计算出的不确定度则会为零,根据我们目前讨论的内容,这应该是不太可能的。然而,正相关却可以使测量程序的总不确定度降低。但有几个注意

事项要记住。[16]首先,完全正相关代表了最好的情况,而不是我们假设的完全负相关的最坏情况。其次,在法庭科学的设定中,我们可以做出可能导致高估不确定度的假设,但绝不会做出可能低估不确定度的假设。最后,要使 r 为 1,必须有数据支持。我们不需要支持 −1 的相关性假设,因为永远不会存在比该值更负的值,因此,$r = -1$ 时的不确定度贡献是最大的。

对于常规的法庭测量,如称重,假设 $r = -1$ 并相应地计算不确定度是合理和可行的。然而,如果需要的话,可以计算相关性和协方差。GUM[8](第 C.3.6 节)以及其他参考资料对此进行了详细的解释说明。

另一个需要考虑相关性的示例是对单独的证据进行称重并将重量合并。假设实验室送来一个箱子,里面有 10 袋白色粉末。如果所有事件都被放在同一个天平上测量,那么这些事件之间就存在某种关联。如果使用静态称重程序对每个袋子称重,我们需要处理两个相关性——每个袋子的两个称重事件之间的相关性,以及称量一个袋子后继续称量下一个袋子之间的相关性。同样,最简单的方法是假设每个相关系数的最大值为 1:

$$u_{总} = 2u_{合成} \times \sqrt{n^2 r_2 + n(1 - r_1)} \tag{6.14}$$

$$u_{总} = 2u_{合成} \times \sqrt{n^2} = 2u_{合成} \times n \tag{6.15}$$

因此,对于 10 个样本,重量之和的不确定度为 $2 \times u \times 10$,即 $20u$。同样,这可能会导致对总不确定度的高估,但通过假设最大的可能因素,我们避免了对总不确定度的低估。

在这一点上有陷入"很多 2"的危险。我们开始讨论时注意到,如果我们对相关事件采取保守的方法,我们所要做的就是将合成标准不确定度乘以 2。为了扩展到 95% 的包含因子,我们需要再次将该值乘以 2,以得到扩展不确定度。这是两个截然不同的独立操作。如果我们需要把多个静态称重相加,我们必须再乘以 2,一次用于静态称重,一次用于重量求和。因此,理解使用每个乘数的差异和原因是至关重要的。

6.11　组　合　示　例

最后,来看一个示例,它可能代表了最复杂的称重测量和不确定度评定情况。它与缉获毒品分析科学工作组在支持文件中提出的示例类似。[17]假设某实验室使用静态称重来确定三袋白色粉末的重量,并且需要将重量相加以确定粉末的总重量,以及在95%的置信水平下评定不确定度。由于使用静态称重,在获得每个袋子的重量时必须考虑相关性,而且由于需要对重量求和,所以每个袋子重量之间的相关性也必须考虑。假设三个袋子的重量分别是165.38 g、168.21 g和167.75 g,并且美国联邦政府量刑标准将500 g列为量刑的关键阈值重量。如表6.8所示,数据已被处理。最后一步是考虑每对重量之间的相关性:

$$u_{总} = 3 \times 2 \times 0.149 \text{ g} = 0.894 \text{ g} \tag{6.16}$$

$k=2$时的扩展不确定度为1.778 g。结果可报告为501.34 g±1.79 g($k=2$,置信度为95%)。这对应于499.55~503.13 g的范围。

表6.8 相关性说明

重物	测得重量(g)	不确定度概算(评定)	相关系数	合成不确定度
1	165.38	0.074 5	2	0.149
2	168.21	0.074 5	2	0.149
3	167.75	0.074 5	2	0.149
总重	501.34			

选择这个示例是为了说明阈值重量的情况。在这里,500 g是一个重要的量刑分界点。实验室计算不确定度的方式不应因重量的变化而改变。评定或工作表应设计为在一组参数内工作,如天平的线性范围。如果重量落在评定设计的范围内,则在该范围内以相同的方式处理不确定度。对基本程序的了解和对不确定度评定方式的理解推动了对不确定度的评定,而不是一个重量离法定阈值上有多接近。另一种思考方法是在设计不确定度评定时考虑阈值重量。对阈值情况采取的保守程度应与任何情况相同,并且应以相同的方式计算。如果不确定度评定在给定的区间内(例如,天平的1~200 g)是可靠、可信、合理、可行且适用的,那么相同的描述符可以适用于大约167 g的重量。因此,即使该示例中的重量和接近阈值已成事实,但并不会改变不确定度的评定方式。

在这样的示例中,分析员能证明什么呢?他们可以像在使用GUM方法评定不确定度的任何情况下一样。在相同条件下获得的这三个物品的另一个测量值有95%的概率落入此范围。在准确度方面,采取了合理可行的措施,以确保测量值是真值的可信评定。这些数据的背后由溯源性、校准证书、培训、标准操作规程、质量保证(QA)/质量控制(QC)、认证等来共同支持。

使用这种方法,分析员不应该对超越数据支持的事实进行冒险。真实重量是否有可能小于 500 g? 是的。那么有多少? 这种情况的可能性有多大? 既然只是 500 以下的可能性"微不足道",那么总重量真的超过 500 g 的可能性不是更大吗? 数据决定了什么可以说,什么不能说。范围已经被定义了,在 95% 的置信度下,测量值有 5% 的概率落在此范围之外。要 99% 的确定范围,则可以使用 $k=3$,但问题仍然存在,500 还将在该范围内。因此,关于不确定度的信息必须清楚和完整地报告,但不能夸大。我们只需要在方法验证期间,通过持续的质量保证/质量控制处理准确度和偏差的问题。记住,不确定度只是一个范围。

6.12 总结与展望

本章介绍了包括相关性在内的几个新概念,并演示了测量保证样本与质量控制图对评定不确定度的作用。这也是一个强调在复杂测量程序中可以有很多方法来处理不确定度的机会,因为没有适用于每个实验室、每个天平、每个分析员及每种情况的"万能"方法。在决定某一特定方法在特定情况下是否可接受时,通常需要使用"合理、可行、适用"的标准。

参考文献

1. Wunderli, S., G. Fortunato, A. Reichmuth, and P. Richard. "Uncertainty Evaluation of Mass Values Determined by Electronic Balances in Analytical Chemistry: A New Method to Correct for Air Buoyancy." *Analytical and Bioanalytical Chemistry* 376, no.3(2003): 384–91.
2. Reichmuth, A., S. Wunderli, M. Weber, and V. R. Meyer. "The Uncertainty of Weighing Data Obtained with Electronic Analytical Balances." *Microchimica Acta* 148, no. 3–4 (2004): 133–41.
3. Gonzalez, A. G., and M. A. Herrador. "The Assessment of Electronic Balances for Accuracy of Mass Measurements in the Analytical Laboratory." *Accreditation and Quality Assurance* 12, no.1(2007): 21–29.
4. Schoonover, R. M., and F. E. Jones. "Air Buoyancy Correction in HighAccuracy Weighing on Analytical Balances." *Analytical Chemistry* 53, no.6(1981): 900–2.
5. Jones, F. E., and R. M. Schoonover. *Handbook of Mass Measurement*. Boca Raton, FL:

CRC Press, 2002.
6. Kehl, K. G., K. Weirauch, S. Wunderli, and V. R. Meyer. "The Influence of Variations in Atmospheric Pressure on the Uncertainty Budget of Weighing Results." *Analyst* 125, no.5 (2000): 959-62.
7. Eurachem. "Eurachem: Quantifying Uncertainty in Analytical Measurement." Eurachem, 2012.
8. BIPM. "Guide to the Expression of Uncertainty in Measurement." Paris: Bureau International des Poids et Mesures, 2008.
9. da Silva, Rjnb, J. R. Santos, and Mfgfc Camoes. "Worst Case Uncertainty Estimates for Routine Instrumental Analysis." *Analyst* 127, no.7(2002): 957-63.
10. Gonzalez, A. G., and M. A. Herrador. "A Practical Guide to Analytical Method Validation, Including Measurement Uncertainty and Accuracy Profiles." *TracTrends in Analytical Chemistry* 26, no.3(2007): 227-38.
11. Thompson, M., and B. Magnusson. "Methodology in Internal Quality Control of Chemical Analysis." *Accreditation and Quality Assurance* 18, no.4(2013): 271-78.
12. BPIM. "Evaluation of Measurement Data: Guide to the Expression of Uncertainty in Measurement." Paris: Bureau International des Poids et Mesures, 2008.
13. Ellison, S. L. R., and V. J. Barwick. "Using Validation Data for ISO Measurement Uncertainty Estimation: Part 1. Principles of an Approach Using Cause and Effect Analysis." *Analyst* 123, no.6(1998): 1387-92.
14. Willink, R. "A Formulation of the Law of Propagation of Uncertainty to Facilitate the Treatment of Shared Influences." *Metrologia* 46, no.3(2009): 145-53.
15. Ellison, S. L. R., V. J. Barwick, T. J. D. Farrant, S. L. R. Ellison, V. J. Barwick, and T. J. D. Farrant. "Measurement Uncertainty." In *Practical Statistics for the Analytical Scientist: A Bench Guide*, 2nd ed., Chapter 10, pp. 161-172. Cambridge, UK: Royal Society of Chemistry, 2009.
16. Kirkup, L., and R. B. Frenkel. "Calculation of Uncertainties." In *An Introduction to Uncertainty in Measurement*, p. 233. Cambridge, UK: Cambridge University Press, 2006.
17. SWGDRUG. "Supplemental Document SD-3 for Part IVc: Quality Assurance/Uncertainty, Measurement Uncertainty for Weight Determination in Seized Drug Analysis." Scientific Working Group for Seized Drug Analysis, 2011.

第七章

呼 气 酒 精

至此,我们已经看到了从简单到复杂的不确定度评定示例,并学习了因果图、测量保证和相关性。只有一种典型的法庭测量我们没有涉及,那就是呼气酒精(breath alcohol, BrAC)。呼气酒精测量是在现场进行的,法庭实验室通常负责提供校准验证和相关的不确定度评定。毫无疑问,呼气酒精测量是一个有争议的问题,因此值得重申的是,本章提供的仅仅是示例与解释,而不是教条化的方法。我们不会深入探讨诸如偏差修正或生成呼气酒精样本的生理过程等事项,但对需要进一步研究的内容提供了参考资料。我们的目标是能够使用这些参考资料和我们已经开发的工具来构建和理解呼气酒精测量中的不确定度评定。

呼气酒精测量也引入了校准实验室的概念与认证。到目前为止,我们已经讨论了法庭科学实验室中的典型分析,它们将得到美国犯罪实验室主任协会/实验室认证委员会(the American Society of Crime Laboratory Directors/Laboratory Accreditation Board, ASCLD/LAB)等实体的认证。对呼气酒精检测器性能进行验证的实验室通常根据 ISO17025 认证来执行校准功能。然而,这些实验室并不像法庭化学家校准气相色谱分析那样校准器具。这些实验室虽然会对器具进行检查和验证,但不会对设备进行主板级维护。

7.1 呼气酒精测量

现代呼气分析仪是一种便携式设备,可以用于评定呼气中的酒精含量,作为评估司机潜在醉酒的第一步。第一代这样的传感器是基于氧化/还原化学反应和颜色变化。目前,常用的传感器有三种:基于半导体氧化物的传感器、基于红外光谱的传感器和基于燃料电池的传感器。[1]半导体设备通常作为个人设备出售,而后两种常用于司法背景。[2,3]燃料电池装置可以测量燃料电池中酒精氧化产生的电流,同时红外器具对红外区域的电磁辐射作出响应,将其转换为电信号。

作为测量设备,这些器具类似于天平和 pH 计,因为电信号通过校准与测量呼气酒精有关。因此,器具响应的评定不确定度必须考虑校准的贡献。国际法定计量组织(OIML)发布了关于呼气酒精检测器应该如何校准、[4]操作和测试的建议。实验室检查和使用分析天平与呼气酒精检测器的方式有一些共同的特点,不同的是呼气酒精检测器是现场使用的,而天平是实验室使用的。尽管这为实验室带来了额外的不确定度评定任务,但它没有超出我们已经讨论过的问题范围。

我们可以通过修改第五章中给出的一般因果图来开始讨论呼气酒精检测器的不确定度(图 5.1)。如图 7.1 所示,校准过程的贡献和溯源性的贡献都存在。但不直接包括样本的存储和处理,因为样本是呼出的气体,只需要按照需求进行呼气和测试即可。然而,呼气酒精测量的性质引入了采样事件自身的贡献因素,其中包括个体之间的差异、干扰物的存在及有时被称为生物因素的其他考虑因素。

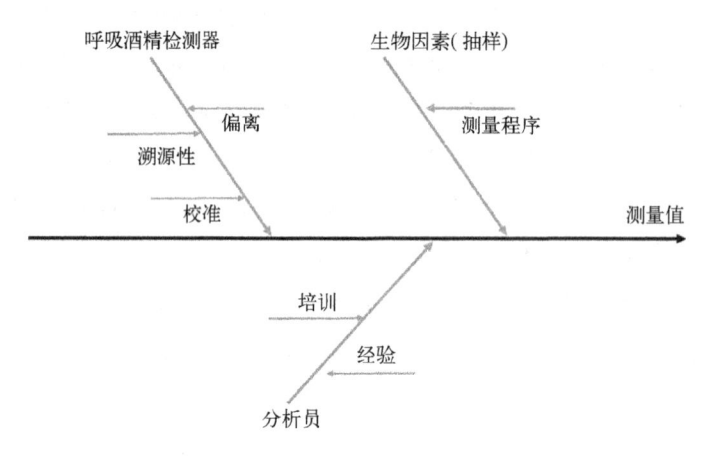

图 7.1 呼气酒精不确定度评定的一般因果图。

有两种方法可以用于校准呼气酒精检测器,这两种方法都是为了向检测器提供经认证的、可溯源的空气中酒精浓度。第一种方法是水浴模拟器,将含已知浓度酒精(和不确定度)的水在恒温控制的水浴中加热至人体温度。酒精以一种肺部模拟的方式分布到气相,然后这些气体被送到检测器。由于空气中同样含有水蒸气,这个过程也被称为湿气法。另一种方法是购买有认证气相酒精浓度的空气,但没有热浴法产生的湿度。这种方法被称为干气校准法,我们将会从此处开始讨论。

7.2 干气校准

干气法很容易满足重现性测试/测量保证方案。因为可以购买到经过认证且溯源到美国 NIST 的标准气相溶液,只以方法/程序作为不确定度的来源。可以预期的变异来源包括环境影响,如温度和气压的变异。虽然这些贡献因素很难被单独分开描述,但是可以通过随时间推移的测量来捕获。正如我们在分析天平中看到的,如果合适的话,我们还可以包括多名分析员和多个工具。

对于该示例,假设实验室还没有存储的历史数据,并且需要为由两名分析人员检查的三个器具(相同的制造和型号)建立不确定度评定。实验室可以进一步决定保守的做法是为测量浓度低于 0.100% 设置一个评定,为大于 0.100% 的浓度设置另一个单独的评定。对于小于 0.100% 的不确定度评定,实验室购买了经认证的可溯源浓度为 0.040 g/210 L、0.080 g/210 L 和 0.100 g/210 L 的干气标准样本。认证浓度为标称值的 ±1.5%。

为了建立初始数据集,每个分析人员在超过两周的时间内每天在三个器具上测试一次这三种校准气体,产生 2×3×3×10 = 180 个样品,每种气体校准 60 次。在筛选结果以确保分析人员或器具的结果不存在统计学上的显著差异后,生成表 7.1。相对标准差显示了器具之间的最小变化。注意,相对标准差只是转换为相对值(标准差/平均值)的标准不确定度。这个值也是变异系数,我们在第三章(表 3.1)中已经定义了它。

表 7.1 乙醇蒸气浓度的初始数据表

干 气	0.040 (g/210 L)	0.080 (g/210 L)	0.100 (g/210 L)
平均值	0.042	0.077	0.095
标准差(s)	0.000 071	0.000 12	0.000 17
相对不确定度(u)	0.001 7	0.001 6	0.001 8
相对标准差	0.2%	0.2%	0.2%
数量(n)	60	60	60

有了这些初始数据,实验室选择使用 0.100 的干气作为程序保证样本(重复性),因为它具有最大的相对不确定度。这是一个保守的选择,以确保不确定度

不会被低估。这些数据,连同校准气体提供的认证数据,可以创建两行不确定度评定(表7.2),其中包括重复性值和以矩形分布表示的参考材料不确定度,表示为0.100的±1.5%或±0.0015。这里有两个新列,"数据点"和"自由度"。自由度是指进行的测量次数,计算方式为 $n-1$。如果有无数个样本,那么任何给定的样本都可以取无数个值。然而,在一个有60个测量值的约束体系中,任何给定的选定数据点只能假设59个不同的值。例如,假设我有三个球:一个红色,一个绿色,一个蓝色。我把这些球放在一个你看不到的黑盒子里($n=3$)。如果我拿出的先是红球,然后是蓝球,那么你可以推断出剩下的球是绿色了。因此,该体系有2个自由度(df)。这在此处很重要,因为它会影响我们计算扩展系数 k 的方式,因此我们将在完成该示例之前对此进行深入探索。

表7.2 干气的评定

因素	值	单位	分布	除数	数据点	自由度	u	$u \times u$	贡献百分比
标准干气	0.0015	g/210 L	矩形	1.73	—	—	0.000866	7.50E−07	20.6
测量保证	0.0017	g/210 L	正态	1	60	59	0.0017	2.89E−06	79.4
							合计:	3.64E−06	100
							$u_{合成}$	1.91E−03	

7.3 有效自由度

不确定度评定可靠性的一种表达方法是利用与给定评定相关的自由度数量。[5]一般来说,自由度越高,评定越可靠。例如,随着实验室历史数据的不断积累,对不确定度的任何评定都将越来越可靠(假设原始评定仍然有效)。回想一下,当我们根据《测量不确定度指南》(GUM;图4.2和图4.3)合成不确定度时,我们以一个标准差当量的形式合成分布,然后再扩展回去。随着自由度的增大,合成不确定度的分布近似为正态分布。然而,对于较小的值,如建立呼气酒精不确定度评定的早期阶段,分布模型为 t 型分布会更好。这是中心极限定理的结果,它们在GUM的附录G[6]和其他参考文献中有深入介绍。[7-17]

第七章 呼气酒精

有效自由度不仅仅是不确定度评定中每个因素的自由度之和。相反,有必要计算出一个有效的自由度值。如果我们知道有效自由度,我们就可以查找扩展系数来获得95%或99%的包含率,而不是假设这些值是正态分布的 $k=2$ 或 $k=3$。虽然不是所有的不确定度评定都有有效自由度,但是GUM在附录G^6中仍然给出了如何计算它们的建议。

有效自由度(ν_{eff})可以通过使用韦尔奇-萨特思韦特(Welch-Satterthwaite)方程计算:

$$\nu_{\text{eff}} = \frac{u_c^4}{\sum_{i=1,m} \frac{u_i^4}{\nu_i}} \tag{7.1}$$

其中,u_c是合成标准不确定度,ν_i是单个贡献因素及其各自的自由度。

重复测量的自由度(A类)为$n-1$(如之前给出的小球示例),而对于矩形或三角形分布(B类),ν_{eff}被认为是无限的。因此,这些分布并不是决定合成标准不确定度的有效自由度的因素。在有效自由度计算出后,需要参考t值表,找出95%包含率(或其他值)对应的乘数(k)。

对于前面给出的呼气酒精示例,复现性的自由度为59(一个器具,一种气体浓度,随时间推移测量60次),矩形分布的自由度是无限的。我们可以通过修改不确定度评定来计算有效自由度,如图7.6所示。

由于参考气体的自由度是无限的,因此在自由度表格中输入一个无意义的大值,以确保该项对计算有效自由度没有影响。表格将自由度计算为$n=1$。在贡献百分比的右侧,我们添加了一列通过韦尔奇-萨特思韦特方程(方程7.1)计算得出的值。这些值与贡献平方和贡献百分比都进行了汇总。然后如图所示计算有效自由度。尽管Excel$^®$函数可以用于获得任何值,但我们仅需要计算获得95.5%包含率和99.97%包含率所需的乘数。请注意,我们将有效自由度的值舍入为整数,因为这是保守的做法。对于呼气酒精测量,此处显示较高的包含因子并不奇怪。为了完成我们的干气校准示例,使用参考干气(呼气酒精小于0.100%)报告的不确定度(表7.2和图7.2)将为 $0.00191 \times 3.08 = \pm 0.005\,883 = 0.006\%$,舍入到小数点后三位。

对于何时使用有效自由度,没有固定的指南。许多不确定度评定将自由度作为模板的一部分,并经常使用它们,而有的评定却可能根本不使用它们。如

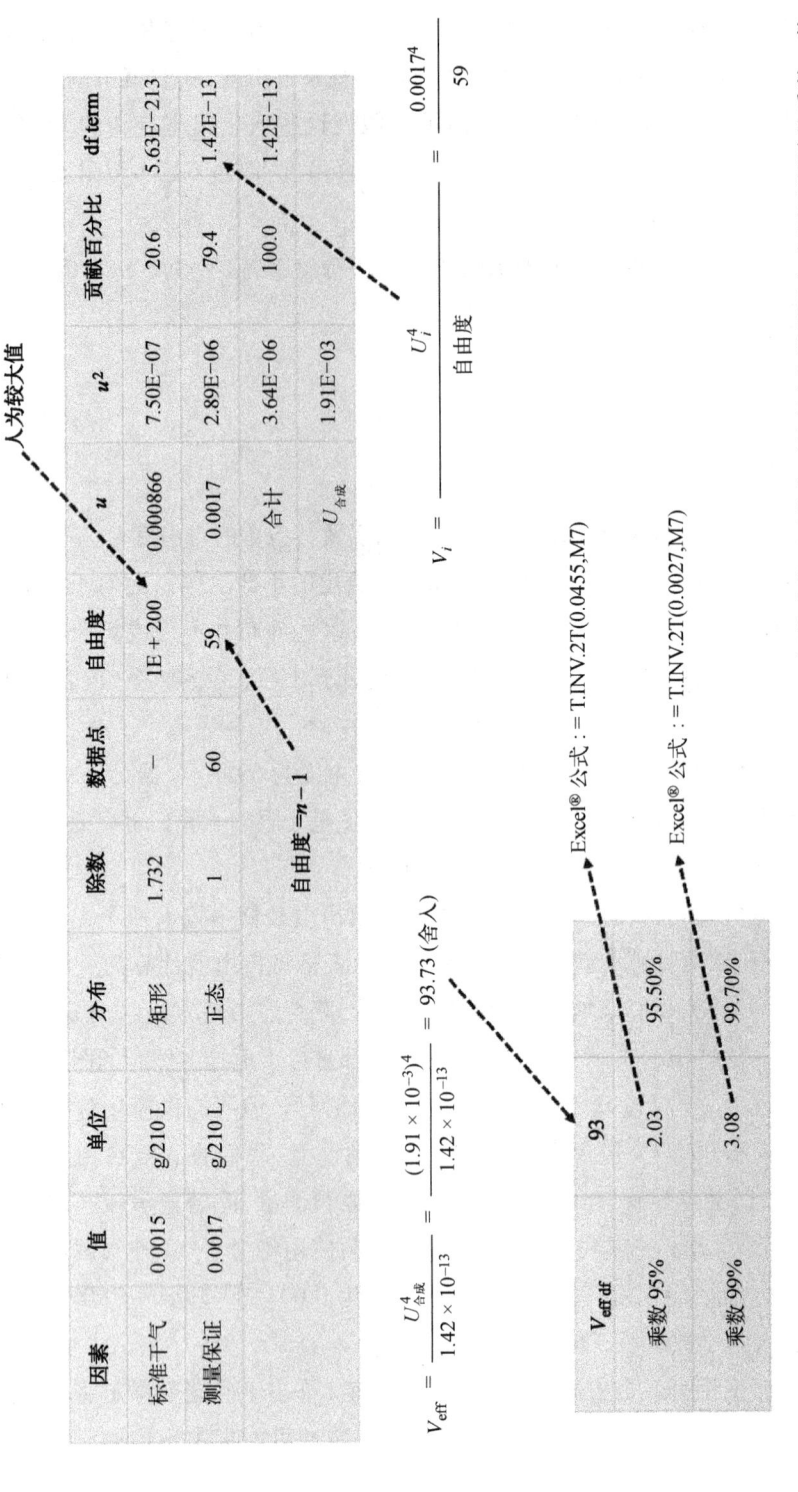

122　法庭科学中的测量不确定度——实用指南

因素	值	单位	分布	除数	数据点	自由度	u	u^2	贡献百分比	df term
标准干气	0.0015	g/210 L	矩形	1.732	—	1E+200	0.000866	7.50E-07	20.6	5.63E-213
测量保证	0.0017	g/210 L	正态	1	60	59	0.0017	2.89E-06	79.4	1.42E-13
						合计		3.64E-06	100.0	1.42E-13
						$U_{合成}$		1.91E-03		

人为较大值

自由度 = n − 1

$$V_{\text{eff}} = \frac{U_{合成}^4}{1.42 \times 10^{-13}} = \frac{(1.91 \times 10^{-3})^4}{1.42 \times 10^{-13}} = 93.73 \text{ (含入)}$$

$$V_i = \frac{U_i^4}{\text{自由度}}$$

V_{eff}	93	
乘数 95%	2.03	95.50% ← Excel® 公式：=T.INV.2T(0.0455,M7)
乘数 99%	3.08	99.70% ← Excel® 公式：=T.INV.2T(0.0027,M7)

$$= \frac{0.0017^4}{59}$$

图 7.2 修改后的不确定度评定，包含了有效自由度。公式 T.INV.2T 用于两侧检验的 t 型分布，并返回表得所需包含因子所需的乘数。数值 0.045 5 是我们想要的概率，这里是 1−0.954 5（95.45% 含入为 95.5%）。

图7.3所示,使用有效自由度在少量重复收集时影响最大。随着样本数量和自由度的增加,预期的合成分布会越来越接近于使用$k=2$和$k=3$乘数的正态分布模型。如果有效自由度是表格模板的一部分,那么它没有任何坏处,而且它还提供了关于标准差数和不确定度贡献因素u背后有多少数据点的信息。NIST提供的表格模板可以在网上找到,其中包括自由度和自动执行所需的计算。图7.4显示了一个截图。注意,自由度有两个选项:有效自由度和最小自由度,乘数是针对最小数量计算的。

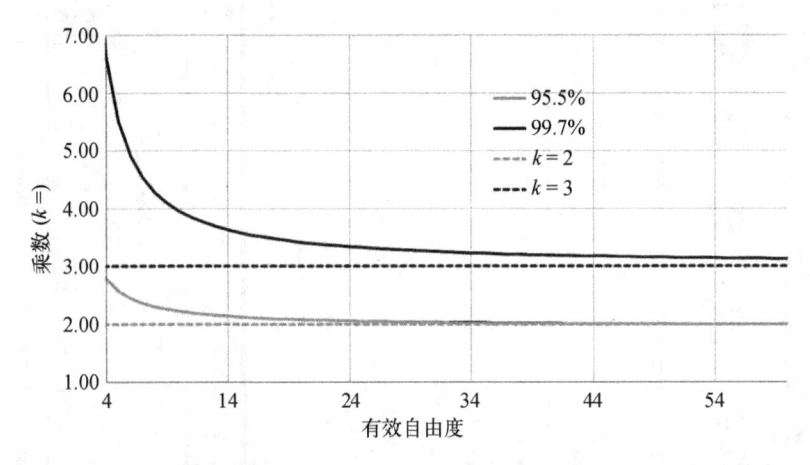

图7.3　95.5%和99.7%的包含因子作为自由度(这里是有效自由度)函数所需要的乘数图。随着自由度的增加,基础分布模型在乘数为$k=2$和$k=3$时就越接近正态分布。

7.4　湿气校准

尽管水浴模拟器的结果仍然可溯源到NIST标准溶液,但它的使用增加了额外的分析步骤,从而增加了不确定度。模拟器的原理如图7.5所示。为了操作模拟器,需要将具有公认真值浓度的酒精溶液置于恒温控制区域。通过建立肺部模型,酒精会在水溶液中不断进出,直到达到分布平衡,并在溶液上方空气中达到系统的酒精浓度最大值。这可以由平衡常数(化学家的亨利定律)来描述,以特定的方式在呼气酒精中应用。一旦在模拟器中达到平衡,样本就被导向检测器。我们可以预料到任何温度波动、分布系数的变异[它也与温度有关,就

测量结果单位：					测量范围参数：						
说明：填写“组分”和“测量单位的不确定度评定”，并选择“概率分布”以完成计算											
不确定度组分描述	**符号**	**评定不确定度**	**单位**	***d.f.***	**测量单位的不确定度评定 0**	**类型 (A,B)**	**概率分布**	**除数**	**标准不确定度 0**	**相对贡献 (%)**	**解释/来源/说明**
说明：完成选择或评定结果值。									说明：完成日期输入。		
最小自由度	v			不完整记录							
有效自由度	v_{eff}			*TBD*							
合成不确定度：u_c									0	说明：在报告舍入结果之前评定数据输入和值	
包含因子，k，使用有效的自由度									TBD		
扩展不确定度，U									TBD		
扩展不确定度，U，舍入到2位有效数字									TBD	没有单位选择。	

检索词：NIST不确定度电子表格模板

图 7.4 NIST 模板表格截图。该模板将计算有效自由度和95.5%包含率的乘数。

第七章　呼气酒精

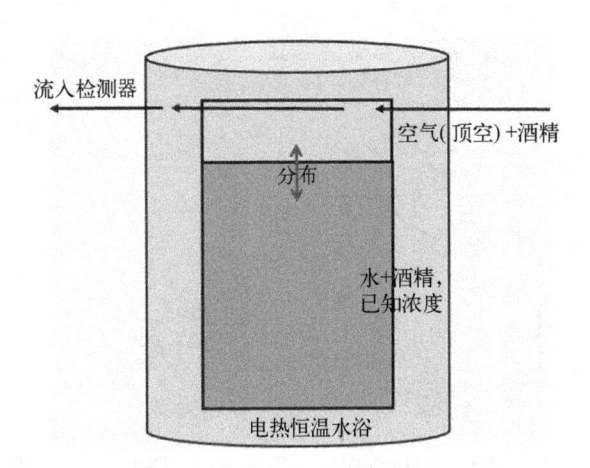

图 7.5　水浴模拟器示意图。浴温保持在 34℃时，酒精会分布到气相。

像密度一样（图 4.7）]以及样本与导管的相互作用都会对不确定度产生贡献。此外，还有一个贡献因素是与水溶液中酒精浓度相关的不确定度。

溯源性可以链接到由 NIST 制造和表征的标准参考材料（standard reference material，SRM）。之前，我们使用的 NIST 标准是如砝码或长度测量设备的"东西"。但这里的标准参考物质并不是一件东西，而是一种材料，它是由 NIST 制造或生成的，并通过广泛和独立的分析方法进行认证的。经过认证的标准参考材料值是一个公认的真值，并且始终提供证书，将不确定度指定为容差，或者在更常见的情况下指定为 NIST 内部不确定度评定产生的扩展不确定度。虽然在理想情况下，所有的湿气模拟器都将直接填充标准参考材料，但这既不可行也没有必要，因为只需要通过生成的中间溶液维护溯源链并对照标准参考材料进行检查即可。

由于标准参考材料的特点，它的生产成本很高。对于目前的酒精水溶液的标准参考材料，制备水中的酒精浓度通过三种分析方法来表征——重量（基于质量）技术、滴定和气相色谱。因为这些分析是基于样品自身的本质特征，所以这些结果为确认认证值是公认的真值提供了合理的基础。通常，实验室不会将标准参考材料用于在呼气酒精检测器上执行的所有校准，而是将其作为更广泛的定量分析的一部分，以确保溯源性。这种方法的优点是，如果执行得当，可以制备大量溶液并对其进行表征，同时保持到 NIST 标准参考材料的完整溯源链。图 7.6 显示了如何用模拟器维护溯源性的示例。

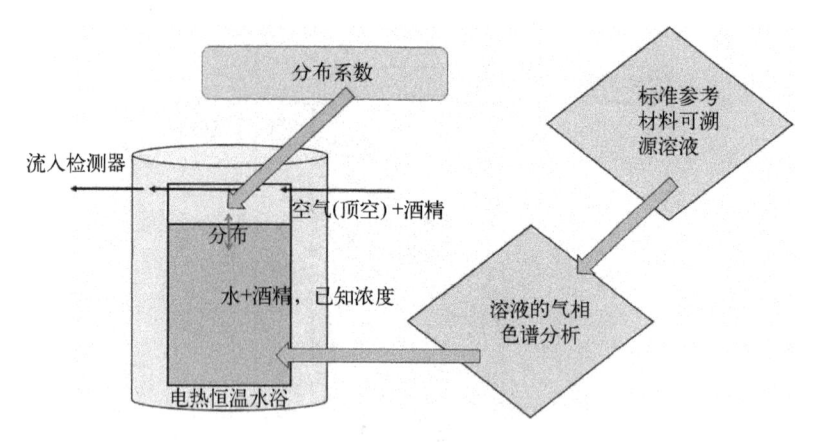

图7.6 水浴模拟器不确定度评定的贡献因素链。溯源性由NIST标准参考材料溶液维护。

7.5 不确定度和模拟器

  水浴模拟器的简化因果图如图7.7所示。最大的贡献因素是模拟器中使用的溶液、模拟器将水溶液转化为蒸气的性能及呼气酒精检测器的性能。在本示例中,实验室制备了大量的酒精/水溶液,根据NIST标准参考材料进行检查,以根据图7.6,保持溯源性及确保准确度。为了确定呼气酒精检测器的重复性,实验室在溶液建立平衡后对其进行10次重复测量。对于水浴模拟器,实验室在几个月内积累了150个数据点的历史数据,用于制备浓度为0.080%的水溶液。所用校准溶液的不确定度来自两个因素:标准参考材料报告的不确定度和使用气相色谱法对该制备溶液进行的重复性测定。本检测中的不确定度贡献因素如表7.3所示。表7.3中的各贡献因素的相对贡献用变异系数表示,变异=±值除以制备溶液浓度(例如,SRM浓度贡献 = 0.000 740%/0.080 23%)。图7.8使用的NIST模板表格显示了不确定度评定。注意图中右侧的阴影区域,这是提供有效自由度的中间计算。扩展的不确定度 U 以95.5%的置信度(k = 2)计算。显示的数字位数可以在表格中更改。在该示例的最后,请记住 U 是相对的,必须转换为绝对量。如果获得值为0.076 9%的呼气酒精测量值,则不确定度(95.5%包含率)为0.027×0.076 9%±0.002 或 0.076 7−0.077 1%。我们不必在此处乘以 k,因为该操作已在表格中基于有效自由度被执行了。

第七章 呼气酒精

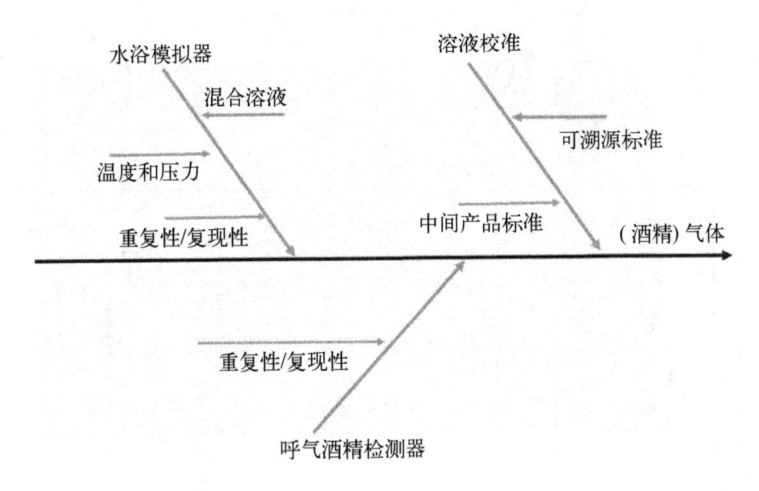

图 7.7 水浴模拟器的因果图。

表 7.3 湿气示例的不确定度贡献因素

贡献因素	来源	值	相对贡献 u
标准参考材料贡献	分析证书（COA）$k=2$	0.080 23±0.000 74%	0.00 921 3$u_{分析证书}$
制备的溶液	重复性（气相色谱）数量（n）= 10	0.080 09±0.000 65%	0.008 116$u_{溶液}$
模拟器	重现性（历史数据）数量（n）= 150	0.080 10±0.002 1%	0.007 710$u_{模拟器}$

在该示例中，我们假设制备的溶液有少量的重复，而模拟器的重复次数相对较少。随着时间的推移，许多法庭/校准实验室将通过器具、分析人员、批次等收集数百个数据点。历史数据可以很容易地集成到呼气酒精的不确定度评定中。质量控制图也是如此，它对于捕获随时间推移的变化及导致不确定度的许多变量和因素特别有用。[3,18-20]

7.6 现场应用和不确定度

前几节描述了基于实验室呼气酒精检测器的不确定度评定。在现场应用时，介绍了一种生物和采样组分。采样的完成方式和计算方式因文献中提到的

测量结果单位:		测量范围参数:		呼气酒精%				
说明：填写"组分"和"测量单位的不确定度评定"，并选择"概率分布"以完成计算								
不确定度组分描述	符号	单位	$d.f.$	评定不确定度	测量单位的不确定度评定	类型(A,B)	概率分布	除数	标准不确定度	相对贡献(%)	解释/来源/说明	有效自由度的计算
标准参考材料分析证书	COA		1.00E+200	0.009213	0.009213	A	正态, 2s	2	0.0046065	11.81%		4.5028E-210
制备的溶液	Solt		10	0.008116	0.008116	A	正态, 1s	1	0.008116	36.67%		4.33879E-10
模拟器重现性	Sim		150	0.00962	0.00962	A	正态, 1s	1	0.00962	51.52%		5.70964E-11
										100.00%		
						合成不确定度, u_c			0.01340275		说明：在报告含入结果之前评定数据输入和值	4.90975E-10
						包含因子, k, 使用有效自由度			2.04			
						扩展不确定度, U			0.027341609			
						扩展不确定度, U, 含入到2位有效数字			0.027		没有单位选择	3.22683E-08
说明：数据输入不完整												
最小自由度	v		10									
有效自由度	v_{eff}		65									65

图7.8 使用NIST模板对水浴模拟器进行不确定度评定示例。

最常用方法而异：收集重复呼气。这并不奇怪，考虑到这种抽样（实际上是一般抽样）具有挑战性[21-28]并且是一个备受讨论的话题。如果你希望进一步研究该主题，则可以参考引用的参考文献，但此处不会再对该主题进行深入讨论。

7.7　总结与展望

本章总结了我们对一些常见法庭化验和分析的不确定度评定的探索与创建。这里唯一使用的新概念是有效自由度，而其他的问题，如复制样本和历史数据，在之前已经被使用过。最后一章将简要地讨论在法庭科学背景下偶尔出现的几个其他事项，但不会再出现新的概念或示例。

参考文献

1. Jones, A. W. "Measuring Alcohol in Blood and Breath for Forensic Purposes: A Historical Review." *Forensic Science Review* 8, no.1(1996): 13 – 44.
2. Zuba, D. "Accuracy and Reliability of Breath Alcohol Testing by Handheld Electrochemical Analysers." *Forensic Science International* 178, no.2 – 3(2008): E29 – E33.
3. Gullberg, R. G. "Methodology and Quality Assurance in Forensic Breath Alcohol Analysis." *Forensic Science Review* 12, no.1 – 2(2000): 50 – 68.
4. "International Recommendation: Oiml R 126 Evidential Breath Analyzers." Paris: Organisation Internationale de Métrologie Légale, 2012.
5. Ellison, S. L. R., and V. J. Barwick. "Using Validation Data for Iso Measurement Uncertainty Estimation: Part 1. Principles of an Approach Using Cause and Effect Analysis." *Analyst* 123, no.6(1998): 1387 – 92.
6. BIPM. "Guide to the Expression of Uncertainty in Measurement." Paris: Bureau International des Poids et Mesures, 2008.
7. BIPM. "Evaluation of Measurement Data: Supplement 1 to the 'Guide to the Expression of Uncertainty in Measurement': Propagation of Distributions Using a Monte Carlo Method." Paris: Bureau International des Poids et Mesures, 2008.
8. Gullberg, R. G. "Measurement Uncertainty in Forensic Toxicology: Its Estimation, Reporting, and Interpretation." In *Toxicity and Drug Testing*, edited by W. Acree. Intech, 2012: 415 – 456.
9. Wohlschlegel, J., S. K. Park, T. Xu, and J. R. Yates. "Central Limit Theorem as an Approximation for Intensity-Based Scoring Function." *Analytical Chemistry* 78, no.1(2006): 89 – 95.
10. Dieck, R. H. *Measurement Uncertainty: Methods and Applications*, 4th ed. Research Triangle

Park, NC: The Instruments, Systems, and Automation Society (ISA), 2007.
11. Ellison, S. L. R., V. J. Barwick, and T. J. D. Farrant. *Practical Statistics for the Analytical Scientist: A Bench Guide*. Cambridge, UK: RSC Publishing, 2009.
12. Gupta, S. V. *Measurement Uncertainties: Physical Parameters and Calibration of Instruments*. Berlin: Springer-Verlag, 2012.
13. Hughes, I. G., and T. P. A. Hase. *Measurement and Their Uncertainties*. Oxford: Oxford University Press, 2010.
14. Kimothi, S. K. *The Uncertainty of Measurements: Physical and Chemical Metrology: Impact and Analysis*. Milwaukee, WI: ASQ Press (American Society for Quality), 2002.
15. Kirkup, L., and B. Frenkel. *An Introduction to Uncertainty in Measurement*. Cambridge, UK: Cambridge University Press, 2006.
16. Taylor, J. R. *An Introduction to Error Analysis: The Study of Uncertainties in Physical Measurements*. Sausalito, CA: University Science Books, 1997.
17. Vosk, T., and A. Emery. *Forensic Metrology: Scientific Measurement and Inference for Lawyers, Judges, and Criminalists*. Boca Raton, FL: CRC Press, 2015.
18. Gullberg, R. G. "The Application of Control Charts in Breath Alcohol Measurement Systems." *Medicine Science and the Law* 33, no.1(1993): 33-40.
19. Philipp, R., O. Hanebeck, S. Hein, W. Bremser, T. Win, and I. Nehls. "Ethanol/Water Solutions as Certified Reference Materials for Breath Alcohol Analyzer Calibration." *Accreditation and Quality Assurance* 15, no.3(2010): 141-46.
20. Zamengo, L., G. Frison, G. Tedeschi, S. Frasson, F. Zancanaro, and R. Sciarrone. "Variability of Blood Alcohol Content (Bac) Determinations: The Role of Measurement Uncertainty, Significant Figures, and Decision Rules for Compliance Assessment in the Frame of a Multiple Bac Threshold Law." *Drug Testing and Analysis* 6, no.10(2014): 1028-37.
21. Gullberg, R. G. "The Relationship between Dublicate Reproducibility and Concentration in Breath Alcohol Testing Programs." *Journal of Analytical Toxicology* 16, no.4(1992): 272-73.
22. Gullberg, R. G. "Repeatability of Replicate Breath Alcohol Measurements Collected in Short-Time Intervals." *Science & Justice* 35, no.1(1995): 5-9.
23. Gullberg, R. G., and B. K. Logan. "Reproducibility of Within-Subject Breath Alcohol Analysis." *Medicine Science and the Law* 38, no.2(1998): 157-62.
24. Gullberg, R. G., and A. J. McElroy. "Identifying the Components of Variability in Breath Alcohol Analysis." *Journal of Analytical Toxicology* 16, no.3(1992): 208-9.
25. Gullberg, R. G., and N. L. Polissar. "Factors Contributing to the Variability Observed in Duplicate Forensic Breath Alcohol Measurement." *Journal of Breath Research* 5, no. 1 (2011): 1-11.
26. Hlastala, M. P. "The Alcohol Breath Test: A Review." *Journal of Applied Physiology* 84, no.2(1998): 401-8.
27. Lubkin, S. R., R. G. Gullberg, B. K. Logan, P. K. Maini, and J. D. Murray. "Simple versus Sophisticated Models of Breath Alcohol Exhalation Profiles." *Alcohol and Alcoholism* 31, no.1(1996): 61-67.
28. Vosk, T., A. R. W. Forrest, A. Emery, and L. D. McLane. "The Measurand Problem in Breath Alcohol Testing." *Journal of Forensic Sciences* 59, no.3(2014): 811-15.

第八章

其 他 事 项

这一简短的章节将会讨论在研究和使用不确定度及其评定时可能遇到的事项。包括对定量分析的简要讨论，以及对关于不确定度、准确度、灵敏系数的说明。总结了其中的重要性，并提供大量参考资料以供进一步阅读和探索。

8.1 定 量 分 析

当我们考虑血液酒精、毒理学样本（血液、尿液等）和缉获毒品分析等定量分析时，很难提供有用的通用示例。尽管同样的方法如确定贡献因素，随着时间的推移捕获因素，并创建评定仍然适用，但是各种各样的选择则会导致合理性、可行性以及适用性的评定变得广泛。如果常规地进行定量分析，一个好的方法是使用测量保证、复现性或尽可能多地研究捕获不确定度。具有讽刺意味的是，评定的范围越广泛越复杂，不确定度评定的贡献因素就数量而言反而会越少。这是由于使用了精心规划的重复测量，在某些情况下，还使用了质量控制图。例如，如果一个实验室常规地进行血液酒精定量，[1-3]将不需要很长时间就能收集到分析人员、器具、标准批次、移液器等具有大量复现性和稳健性的历史数据。在这种情况下，自上而下的方法是特别有价值的，方法验证和不确定度的结合几乎不可避免。[4-20]此外，还有通过使用复现性数据和能力测试进行不确定度评定的方法。[4,16,21-27]对于缉获毒品的定量分析，缉获毒品分析科学工作组（SWGDRUG，www.swgdrug.org）发布的文件非常有用。并且支持文件的示例对一些非常规检测的定量情况也提供了一定的帮助。

当深入研究定量方法时，请记住"合理、可行、适用"的标准，并记住有许多这样的方法可以用来评估复杂程序的不确定度。尽管文献是很有帮助的，但创建定量分析不确定度评定所需的所有技能和概念都可以在《测量不确定度指南》(GUM)或已被引用并将在未来几年出版的参考文献中找到。

8.2 采　　样

我们之前注意到,我们通常无法在不确定度评定中考虑到采样。这可能不算一个问题,但在诸如缉获毒品称量、执行多项分析,例如,称 10 000 袋海洛因包装袋的重量,或者测量呼气酒精的情况下,采样可能至关重要。正如我们前述的那样,获得测量的不确定度有两个组成部分:

$$u_{测量} = u_{样本/采样} + u_{方法} \tag{8.1}$$

我们把所有的精力都集中在方程的第二项上。遗憾的是,很难给采样分配不确定度。

在缉获毒品称重时,采样不确定度的原因有很多。如果粉末或其他样品从一个原始的容器(如小包装袋)转移到称量皿,转移中的损失是不可避免的,这是因为转移事件之间的变异。试图评定转移损失的变异是不可能的;然而,由于过程总会产生损失,如果假设没有其他贡献因素,那么得到的重量将总是小于转移前的重量。这可以确保重量不会因为这一个因素而被高估。一旦粉末放置在天平上,我们在第六章中讨论的所有其他不确定因素都会起作用,因此不确定度评定不会因样本转移而改变。

在呼气酒精中,一种常用的捕获采样不确定度元素(这里是生物因素和呼气)的方法是进行两次呼气,并记录两次的结果。[28-36]这是一种合理的方法,因为考虑到个体之间的内在差异,对样本进行通用的不确定度贡献评定将是一项挑战。

在定量分析中,至少有两个与样本和采样有关的问题需要考虑。第一个是基质匹配。如果用一种分析方法来量化死后血液中药物和代谢物的浓度,血液基质将导致结果的变化。同样,对于血液酒精,血液基质与水基质完全相同,因此应该以某种方式在分析和不确定度评定中加以考虑。例如,实验室可以将已知浓度的血液酒精与已知浓度的水中酒精的结果进行比较,以获得偏差和变异。如果这些差异在统计学上可以被证明是微不足道的,那么不确定度评定将不需要考虑它。另一种方法是使用加标血液进行复现性研究。实际样本也可以随着

第八章　其他事项　　**133**

时间的推移进行评估。[2,20]尽管有许多替代方法可以解决基质不匹配问题,但首先应该对其进行评估。

第二个因素在缉获毒品的情况下特别令人关注,它又回到了抽样和样本的同质性。对于定量分析,采样可以被认为是质量减少。目标是获得一个易处理的小数量来进行分析,以代表整体。对于一袋粉末,所要做的就是手动混合材料并采样。对于大量的缉获毒品,该方法并不适用。尽管没有解决该问题的指南,但样品同质性测量正在成为替代方案。[37,38]这个方案是,例如,如果从一大包粉末中随机抽取三个样品,并且发现每个样品的纯度相当,这些数据将会支持粉末相对均匀的假设。欧洲法庭科学研究所联盟发布了用于定量分析和一般抽样指南的抽样文件和计算器(www.enfsi.eu/documents/other-publications)。

8.3　灵敏系数

当我们在第六章讨论称重事件相关性时(第六章,第 6.9 节),我们接触到了不确定度表达的传递。这也是我们讨论不确定度传递定律的部分,正是从这个推导产生了灵敏系数。假设我们有一个不确定度评定,它有两个贡献因素,u_1 和 u_2。该定律可以扩展为

$$u[y(x_1, x_2)] = \sqrt{\left[\frac{\partial y}{\partial x_1}\right]^2 u_1^2 \left[\frac{\partial y}{\partial x_2}\right]^2 u_2^2 + 2\left[\frac{\partial y}{\partial x_1}\frac{\partial y}{\partial x_2} \times 协方差(x_1 x_2)\right]}$$

(8.2)

在第六章中,我们的重点是协方差。这里,我们的重点是偏导数项 $\frac{\partial y}{\partial x_1}$ 和 $\frac{\partial y}{\partial x_2}$,它们被称为灵敏系数。偏导数表示总不确定度($y$)是如何基于某一因素的变化而受到影响的。灵敏系数也用符号 c 表示:

$$c_i = \frac{\partial u_{合成}}{\partial x_i}$$

(8.3)

任何贡献因素(u_i)的灵敏度表示 u_i 值的变化将影响程序的合成不确定度。

例如,如果我们的不确定度评定包含一系列测量的可重复性值,则该 $u_{重复性}$ 的灵敏度告诉我们重复性的变化将会带来 $u_{合成}$ 的变化。具有相对较大灵敏度的贡献因素比具有相对较小灵敏度的贡献因素更可能改变合成不确定度。尽管这听起来很可怕,但我们已经多次通过将绝对不确定度转换为相对不确定度来确定灵敏度。这个过程既明确了单位,也表达了某一贡献因素对总不确定度的影响程度。有时你可能会遇到列出灵敏系数的评定,但这些几乎都是简单的转换系数,而不是通过实验确定或数学推导的值。查看第四章 4.2.4 中的英里/加仑示例。我们用来将英里和加仑转换为无单位值的过程就包括了灵敏系数(转换系数)。这样做的结果是,任何灵敏系数的实际值都变为 1,因为我们将每个贡献因素转换为其对总不确定度的相对影响。[16] 此外,一些关于灵敏系数的优秀参考资料可以在网上免费获取。[19]

8.4　不确定度与方程式

我们通过 GUM 的方法处理了不确定度,并通过程序逐步将其呈现出来。不确定度评定也可以用一个方程式来查看和说明,其中方程式中的每个变量都与一个不确定度贡献因素相关联。最终结果与我们使用的评定或工作表没有什么不同,但对于某些分析问题,基于方程式的概念很有用。回想一下我们的密度示例(第四章,第 4.3 节)。密度用质量/体积的计算来表示。我们通常可以用函数将其表示为

$$密度 = f(m, v) \quad (8.4)$$

这可以概括为

$$y = f(x_1, x_2, x_3, \cdots, x_n) \quad (8.5)$$

这是 GUM 和许多其他参考文献中所使用的方式。每个变量的不确定度为 $u(x_i)$,它也用于不确定度传递定律的扩展(方程 8.1)。

以这种变量方式处理不确定度变量与我们之前讨论的自下而上的方法是一致的。计算值的不确定度是质量相关不确定度和体积相关不确定度的函数。换句话说,每个变量都成为因果关系图中的大箭头。你可以像我们在整本书中所做的那样,从那里确定因素。

8.5 准确度和不确定度

从某种意义上说,这把我们带回到了本书开始的地方,讨论了准确度、变异以及它们之间的差异。我们转向《国际计量学词汇》(VIM)中衍生的特定术语定义,并研究了如何使用类似 GUM 的方法来评定不确定度(变异/离散/分散)。在制定了一个合理、可行、适用的不确定度评定之后,我们可以询问它意味着什么,以及我们对于不确定度的定量数据可以说(和不说)什么?例如 12.34 g±0.5 g(k = 2, 95%)。它们在 GUM 的附录 D 中都有进行讨论。重点是:

- 乘数 k 是一个包含因子。它扩大了合成不确定度分布的范围,包含了大约 95% 的曲线包含面积。这意味着,如果我们在相同的条件下重复测量相同的样本,预计测量值在 100 次中有 95 次落在该范围内,而 5% 的次数(20 次中有 1 次)预计不会。
- 不确定度与测量结果有关,而与真值(和未知值)无关。
- 当我们使用"置信区间"这个术语时,它并不是指我们对测量值与真实值的接近程度的把握。它是在测量值周围指定范围内的置信度表达。

这使得我们再一次遇到了语言的问题。我们在计量学背景之外对"不确定"这个词的使用方式与这里的含义不同。同样,置信度也不是指我们测量到真实值的把握,它指的是对在一定范围内获得相同结果的把握。我们不能说我们事先有 95% 的把握真值在该范围内。95% 不是对结果好坏的等级评价。但是,基于报告值背后的所有因素,我们仍然认为真值在此范围内。测量程序的目标是报告尽可能接近真值的结果。

如果你能牢记不确定度是在何时何地确定及何时应用的,那么这种区别就不会令人烦恼。回想一下,准确度具有随机组分和系统组分(图 3.2 和第三章第 3.1 节)。方法验证过程旨在最大限度地减少该方法产生的任何测量偏差和不确定度。测量的准确度始终是方法开发的驱动力,正如我们前面提到的,关于可接受的准确度的问题(图 2.18)必须在方法开发的早期出现,甚至在考虑变异和不确定度与开展方法之前。[39] 可接受的准确度是隐含在适用性中的要求。一旦开展,一种方法就需要在包括质量保证和质量控制的环境中使用,包括旨在确保该方法保持可接受准确度的控制样本。因此,准确度通常是在方法验证期间被评估和确保的。

假设我们已经开发出合理、可行且适用的方法,并且我们已经生成了所有必要的性能指标。在这种情况下,有些作者认为不确定度确实表达了准确度,因为使用 GUM 方法评定的不确定度包括准确度的随机组分(离散/变异/分散/不确定度)和系统组分(偏差)。[39] 这种争论和讨论无疑会继续下去,但无论如何都有必要清楚地理解准确度/偏差/真实度和不确定度这两个概念之间的区别。

有一种方法可以将不确定度评定以概率的方式表述出来,这有助于回答定量法庭数据生成的核心问题。公安、司法系统为缉获毒品的重量、枪管的长度和血液中的酒精浓度等设定了阈值。在这些情况下,关注点与测量值和阈值有关。在毒品案例中,假设阈值重量为 500 g,实验室报告指出,在 $k=2$(约 95%)时实际样本的重量为 500.65 g±0.88 g。因为报告的范围跨越了阈值重量,关键问题可以表述为,物品重量小于 500 g 的概率是多少?因为不确定度评定是由模拟正态(高斯)分布的不确定度评定导出的,因此可以确定测量重量小于阈值 500 g 的概率。

计算顺序很简单。[40] 如图 8.1 所示,目标是基于描述正态分布不确定度的假设来确定分布的哪一部分低于 500 g 的阈值。如果这里存在疑问(即自由度更小),可以用 t 型分布来替代处理。由于 $k=2$,我们可以用 0.88 除以 2 得到 0.44

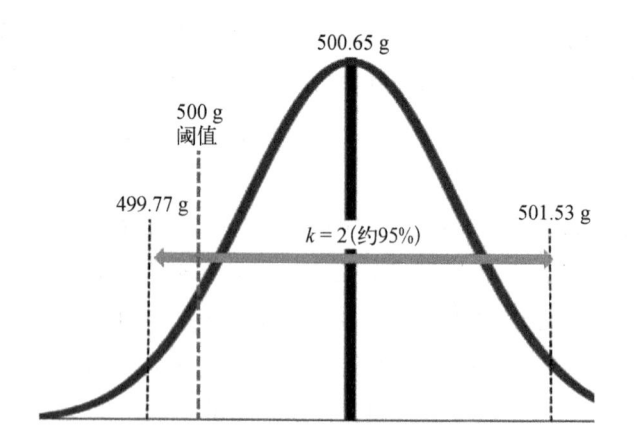

图 8.1 重量小于 500 g 的概率可以从正态分布与使用 z 分数的合成标准不确定度中得出。

来确定合成标准不确定度 u_c。这是分布的标准差。接下来,我们根据总不确定度的分数来确定 500 g 的阈值与平均值有多远。这与以标准差单位计算的 z 值相同:

$$z = \frac{500.65 \text{ g} - 500 \text{ g}}{0.44 \text{ g}} = 1.48 \tag{8.6}$$

最后一步是查找与 z 分数相关的概率,这里大约是 0.07。这意味着大约 7% 的曲线包含面积小于 500 g。换句话说,在所有注意事项和假设都到位的情况下,重量有 7% 的概率小于 500 g。对于决策者来说,这种类型的陈述通常比陈述范围和 95% 的包含率/置信度更有用,但它仍然是指范围。

8.6 总　　结

本书对不确定度的探索到此结束。希望你可以通过工具为实验室及分析的不确定度评定进行创建与理解。与时俱进是很重要的,因为涉及不确定度的指导文件、标准和文献会不断发布和更新。GUM 仍然是最好的参考资料,而且 GUM 的支持文件也会定期发布。

参考文献

1. Sklerov, J. H., and F. J. Couper. "Calculation and Verification of Blood Ethanol Measurement Uncertainty for Headspace Gas Chromatography." *Journal of Analytical Toxicology* 35, no.7(2011): 402 − 10.
2. Gullberg, R. G. "Estimating the Measurement Uncertainty in Forensic Blood Alcohol Analysis." *Journal of Analytical Toxicology* 36, no.3(2012): 153 − 61.
3. Rahman, M. R., J. T. S. Allan, M. Z. Ghavidel, L. E. Prest, F. S. Saleh, and E. B. Easton. "The Application of Power-Generating Fuel Cell Electrode Materials and Monitoring Methods to Breath Alcohol Sensors." *Sensors and Actuators B: Chemical* 228(2016): 448 − 57.
4. Ellison, S. L. R., and V. J. Barwick. "Using Validation Data for Iso Measurement Uncertainty Estimation: Part 1. Principles of an Approach Using Cause and Effect Analysis." *Analyst* 123, no.6(1998): 1387 − 92.
5. Barwick, V. J., and S. L. R. Ellison. "The Evaluation of Measurement Uncertainty from Method Validation Studies: Part 1. Description of a Laboratory Protocol." *Accreditation and Quality Assurance* 5, no.2(2000): 47 − 53.

6. Barwick, V. J., S. L. R. Ellison, M. J. Q. Rafferty, and R. S. Gill. "The Evaluation of Measurement Uncertainty from Method Validation Studies: Part 2. The Practical Application of a Laboratory Protocol." *Accreditation and Quality Assurance* 5, no.3(2000): 104–13.
7. Feinberg, M., B. Boulanger, W. Dewe, and P. Hubert. "New Advances in Method Validation and Measurement Uncertainty Aimed at Improving the Quality of Chemical Data." *Analytical and Bioanalytical Chemistry* 380, no.3(2004): 502–14.
8. Taverniers, I., E. Van Bockstaele, and M. De Loose. "Trends in Quality in the Analytical Laboratory. I. Traceability and Measurement Uncertainty of Analytical Results." *Trac-Trends in Analytical Chemistry* 23, no.7(2004): 480–90.
9. The International Council for Harmonization of Technical Requirements for Pharmaceutical and Human Use. "ICH Harmonized Tripartite Guideline: Validation of Analytical Procedures: Text and Methodology Q2(R1)." 2005. Switzerland.
10. Feinberg, M., and M. Laurentie. "A Global Approach to Method Validation and Measurement Uncertainty." *Accreditation and Quality Assurance* 11, no.1–2(2006): 3–9.
11. Populaire, S., and E. C. Gimenez. "A Simplified Approach to the Estimation of Analytical Measurement Uncertainty." *Accreditation and Quality Assurance* 10, no.9(2006): 485–93.
12. Gonzalez, A. G., and M. A. Herrador. "A Practical Guide to Analytical Method Validation, Including Measurement Uncertainty and Accuracy Profiles." *TracTrends in Analytical Chemistry* 26, no.3(2007): 227–38.
13. Konieczka, P. "The Role of and the Place of Method Validation in the Quality Assurance and Quality Control (Qa/Qc) System." *Critical Reviews in Analytical Chemistry* 37, no.3 (2007): 173–90.
14. Linsinger, T. P. J. "Use of Recovery and Bias Information in Analytical Chemistry and Estimation of Its Uncertainty Contribution." *Trac-Trends in Analytical Chemistry* 27, no.10 (2008): 916–23.
15. Rozet, E., S. Rudaz, R. D. Marini, E. Ziemons, B. Boulanger, and P. Hubert. "Models to Estimate Overall Analytical Measurements Uncertainty: Assumptions, Comparisons and Applications." *Analytica Chimica Acta* 702, no.2(2011): 160–71.
16. Eurachem. "Eurachem: Quantifying Uncertainty in Analytical Measurement." Eurachem, 2012.
17. Theodorsson, E. "Validation and Verification of Measurement Methods in Clinical Chemistry." *Bioanalysis* 4, no.3(2012): 305–20.
18. International, ASCLD/LAB. "ASCLD/LAB Guidance on the Estimation of Measurement Uncertainty: Overview." American Society of Crime Laboratory Directors/Laboratory Accrediation Board, 2013.
19. A2LA. "G104: Guide for Estimation of Measurement Uncertainty in Testing." American Association for Laboratory Accreditation, 2014.
20. Zamengo, L., G. Frison, G. Tedeschi, S. Frasson, F. Zancanaro, and R. Sciarrone. "Variability of Blood Alcohol Content (Bac) Determinations: The Role of Measurement Uncertainty, Significant Figures, and Decision Rules for Compliance Assessment in the Frame of a Multiple Bac Threshold Law." *Drug Testing and Analysis* 6, no.10(2014): 1028–37.
21. Analytical Methods Committee. "Uncertainty of Measurement: Implications of Its Use in

Analytical Science." *Analyst* 120, no.9(1995): 2303 – 8.
22. da Silva, Rjnb, J. R. Santos, and M. F. G. F. C. Camões. "A New Terminology for the Approaches to the Quantification of the Measurement Uncertainty." *Accreditation and Quality Assurance* 10, no.12(2006): 664 – 71.
23. Heydorn, K. "The Determination of an Accepted Reference Value from Proficiency Data with Stated Uncertainties." *Accreditation and Quality Assurance* 10, no.9(2006): 479 – 84.
24. Priel, M. "From Gum to Alternative Methods for Measurement Uncertainty Evaluation." *Accreditation and Quality Assurance* 14, no.5(2009): 235 – 41.
25. Ramsey, M. H., B. Geelhoed, R. Wood, and A. P. Damant. "Improved Evaluation of Measurement Uncertainty from Sampling by Inclusion of between-Sampler Bias Using Sampling Proficiency Testing." *Analyst* 136, no.7(2011): 1313 – 21.
26. Wallace, J. "Ten Methods for Calculating the Uncertainty of Measurement." *Science & Justice* 50, no.4(2010): 182 – 86.
27. Wallace, J. "Proficiency Testing as a Basis for Estimating Uncertainty of Measurement: Application to Forensic Alcohol and Toxicology Quantitations." *Journal of Forensic Sciences* 55, no.3(2010): 767 – 73.
28. Gullberg, R. G. "The Relationship between Dublicate Reproducibility and Concentration in Breath Alcohol Testing Programs." *Journal of Analytical Toxicology* 16, no.4(1992): 272 – 73.
29. Gullberg, R. G. "Repeatability of Replicate Breath Alcohol Measurements Collected in Short-Time Intervals." *Science & Justice* 35, no.1(1995): 5 – 9.
30. Gullberg, R. G. "Methodology and Quality Assurance in Forensic Breath Alcohol Analysis." *Forensic Science Review* 12, no.1 – 2(2000): 50 – 68.
31. Gullberg, R. G. "Estimating the Measurement Uncertainty in Forensic Breath-Alcohol Analysis." *Accreditation and Quality Assurance* 11, no.11(2006): 562 – 68.
32. Gullberg, R. G., and B. K. Logan. "Reproducibility of Within-Subject Breath Alcohol Analysis." *Medicine Science and the Law* 38, no.2(1998): 157 – 62.
33. Gullberg, R. G., and A. J. McElroy. "Identifying the Components of Variability in Breath Alcohol Analysis." *Journal of Analytical Toxicology* 16, no.3(1992): 208 – 9.
34. Gullberg, R. G., and N. L. Polissar. "Factors Contributing to the Variability Observed in Duplicate Forensic Breath Alcohol Measurement." *Journal of Breath Research* 5, no.1 (2011): 1 – 11.
35. Lubkin, S. R., R. G. Gullberg, B. K. Logan, P. K. Maini, and J. D. Murray. "Simple versus Sophisticated Models of Breath Alcohol Exhalation Profiles." *Alcohol and Alcoholism* 31, no.1(1996): 61 – 67.
36. Stowell, A. R., A. R. Gainsford, and R. G. Gullberg. "New Zealand's Breath and Blood Alcohol Testing Programs: Further Data Analysis and Forensic Implications." *Forensic Science International* 178, no.2 – 3(2008): 83 – 92.
37. Bovens, M., T. Csesztregi, A. Franc, J. Nagy, and L. Dujourdy. "Sampling of Illicit Drugs for Quantitative Analysis—Part II. Study of Particle Size and Its Influence on Mass Reduction." *Forensic Science International* 234(2014): 174 – 80.
38. Csesztregi, T., M. Bovens, L. Dujourdy, A. Franc, and J. Nagy. "Sampling of Illicit Drugs

for Quantitative Analysis: Part Ⅲ. Sampling Plans and Sample Preparations." *Forensic Science International* 241(2014): 212 - 19.
39. Kadis, R. "Analytical Procedure in Terms of Measurement (Quality) Assurance." *Accreditation and Quality Assurance* 7, no.7(2002): 294 - 98.
40. Vosk, T., and A. Emery. "7.5.10 Tricks of the Trade: Reverse Engineering Probabilities." In *Forensic Metrology: Scientific Measurement and Inference for Lawyers, Judges, and Criminalists*, p. 418. Boca Raton, FL: CRC Press, 2015.